图解24式杨氏太极拳

（视频学习版）

高崇 灌木体育编辑组 编著

人民邮电出版社

北京

图书在版编目（ＣＩＰ）数据

图解24式杨氏太极拳：视频学习版 / 高崇，灌木体
育编辑组编著. -- 北京：人民邮电出版社，2018.7
ISBN 978-7-115-47869-6

Ⅰ. ①图… Ⅱ. ①高… ②灌… Ⅲ. ①太极拳—图解
Ⅳ. ①G852.11-64

中国版本图书馆CIP数据核字(2018)第025013号

免责声明

内 容 提 要

本书由太极运动健将、全国武术套路锦标赛太极拳剑全能冠军高崇示范并作为武术指导。本书
在简要介绍杨氏太极拳起源、实用功能和发展等背景知识的基础上，以超过500幅高清连拍图结合细
致的文字说明的方式，对杨氏太极拳的热身活动、基本动作练习和24式连贯套路进行了讲解，是专
门为广大太极拳爱好者设计的入门级图书。此外，本书提供了一系列的在线学习视频，帮助练习者
跟着专业教练轻松学习太极拳。

◆ 编　著　高　崇　灌木体育编辑组
　　责任编辑　刘　蕊
　　责任印制　周昇亮
◆ 人民邮电出版社出版发行　　北京市丰台区成寿寺路 11 号
　　邮编　100164　　电子邮件　315@ptpress.com.cn
　　网址　https://www.ptpress.com.cn
　　涿州市般润文化传播有限公司印刷
◆ 开本：700×1000　1/16
　　印张：7.5　　　　　　　　2018 年 7 月第 1 版
　　字数：151 千字　　　　　2025 年 8 月河北第 25 次印刷

定价：29.80 元

读者服务热线：(010)81055296　印装质量热线：(010)81055316
反盗版热线：(010)81055315

在线视频观看说明

请按照以下步骤获取在线视频。

步骤一：打开手机微信"扫一扫"。

步骤二：扫描右侧的二维码。

步骤三：

1.若您已经关注"动动吧"微信公众号，可直接观看视频。

2.若您尚未关注"动动吧"微信公众号，将进入如下手机界面。

您未关注此公众号，请关注后查看资源！
请长按二维码关注公众号！
关注后将不会再提示此页面！

人民邮电出版社

　　请长按该二维码，选择"识别图中二维码"并关注"动动吧"微信公众号，此后将直接进入资源获取界面。请点击"资源详情"，即可观看视频。

您未关注此公众号，请关注后查看资源！
请长按二维码关注公众号！

发送给朋友

收藏

保存图片

识别图中二维码

取消

动动吧
微信号: fun-sports

功能介绍　　fun sports

帐号主体　　人民邮电出版社

查看历史消息

关注

感谢关注"动动吧"！
1：浏览往期内容，请前往"往期精选"；
2：试阅和下载体育运动健身类图书，请前往"资源下载"。下载方法请查看"实用功能"中的"帮助"菜单；
3：想了解动动吧其他信息，请前往"实用功能"。

请点击以下链接来浏览资源：
资源详情

往期精选　　资源下载　　实用功能

目 录

第四章　杨氏 24 式太极拳套路教学

第一章

认识杨氏太极拳

　　杨氏太极拳对"手眼身法步"都有严格的要求。手眼身法步按要求做到正确，练拳和推手才能收到良好的效果。

一　杨氏太极拳的起源

杨氏太极拳由杨福魁（字露禅）所创，后经祖孙四代不断丰富发展。从杨福魁学成教拳开始，到现在有一百四十多年的历史。

杨氏太极拳是历史悠久的拳术，太极拳的重要流派之一，是由河北省邯郸市永年人杨露禅及其子杨班侯、杨健侯，其孙杨少侯、杨澄甫等人发展创编的。由于杨氏太极拳姿势舒展，平正朴实，练法简易，因此深受广大群众的喜爱，传播得非常广泛。杨氏太极拳对手眼身法步都有严格的要求。手眼身法步按要求做到正确，练拳和推手才能收到良好的效果。

二　杨氏太极拳的实用功能

太极拳不但具有强身健体的作用，而且在技击防卫上也有其独到之处。

中医认为，打太极拳对身体的多方面都能起到保健作用，它不仅能加强肾脏的功能，调节人体的内分泌，还能改善因肾精不足所带来的腰腿酸软、失眠多梦等症状。

首先，太极拳的呼吸方式会改善人的部分器官的功能。打太极拳用"腹式呼吸"，腹式呼吸可改变腹腔的压力，增大胸廓的容积，增强腹内脏器的活动，从而改善人体的血液循环以及消化系统的功能。

打太极拳对全身的骨骼和肌肉都能起到改善作用。在进行太极拳运动时，全身的骨骼和肌肉会呈周期性的舒张和收缩，从而让血液循环得到加强和改善，包括身体内脏中的毛细血管网都被调动起来，心肌营养得到有效供给。

太极拳对人的神经系统也有良好的调节作用。它可以有效舒缓人的精神状态，有效改善神经衰弱、健忘失眠等症状。

太极拳不仅对养生保健起到很好的作用，而且它还是一种拳术，讲究技击性，在技击和防卫上也有其独到之处，是可以真打实战的功夫。

杨氏太极拳的击打法有两种，分别为"击打法"和"掷抛法"。"击打法"即"击打劲"，俗称"断劲"。在实战中使用"击打劲"时，可瞬间使对方局部身体受伤，疼痛难忍，从而失去战斗力。"掷抛法"是将对方整体掷出，这种方法不会给对方带来很大的疼痛感，对方也不会失去战斗力。

在太极技击的实战交手中，要讲究用招击打、先守后攻，然后再克敌制胜。在实战中要养成缩短技击路线、提高击敌速度的技能习惯。

关于太极拳的实战性，我们以"起式"动作为例。

"起式"动作是典型的防守解脱动作。在实战中，当被对方从正面用双手扣住两肩部时，己方双手自下而上移动，从对方双手的内侧按压对方的双臂，从而完成解脱过程。又如"左右野马分鬃"，以"左野马分鬃"为例，当对方从左方拳击己方面部时，顺势闪躲，然后用右手抓住对方的右手手腕，同时将左脚插入对方右脚的后侧，再用左臂插入对方左腋下，贴紧对方，并快速拧转上体，这样就可以使对方失去重心，向后摔倒。在太极拳中，类似这种典型的攻防动作有很多，都比较具有实战意义。

三 杨氏太极拳的发展

杨氏太极拳从杨露禅开始，中间经过杨露禅的儿子杨槛、孙子杨兆清的继承和创新，愈加完善，广为流传，成为人们强身健体的大众拳法。

19世纪40年代初，杨氏太极拳的始祖杨露禅（1799-1872）将太极拳的健身功能引入社会，使其迅速流传至大江南北。

后来，杨露禅的第三子杨槛（1839-1917，字健侯，号镜湖）在继承父亲"小架子"太极拳的基础上，将拳法幅度扩大，修改成"中架"，既保持了技击特点，又适合健身的需要，使杨氏太极拳有了进一步的发展。

杨槛的第三子杨兆清（1883-1936，字澄甫），在父亲所发扬光大的中架太极拳的基础上，完整地继承了杨家拳、剑、刀、枪、大捋、散手、对刀、黏剑、粘枪、点穴及内功心法。晚年时他集杨家三代之经验，将杨氏太极拳的套路架势逐步定型。杨兆清因此被誉为杨氏太极拳承前启后的一代宗师。他先后撰写出版了《太极拳术》《太极拳使用法》和《太极拳体用全书》，详述杨家祖传太极拳的精华，为后学者留下了宝贵的武学经典。

杨澄甫

第 二 章

杨氏太极拳的热身活动

习练太极拳时，首先离不开热身活动。热身是习练太极拳的前提，二者密不可分，相辅相成，互为促进，互为发展。

11

一　头部运动

绕四周扭头

抬头　　　向左旋转　　　低头　　　向右旋转

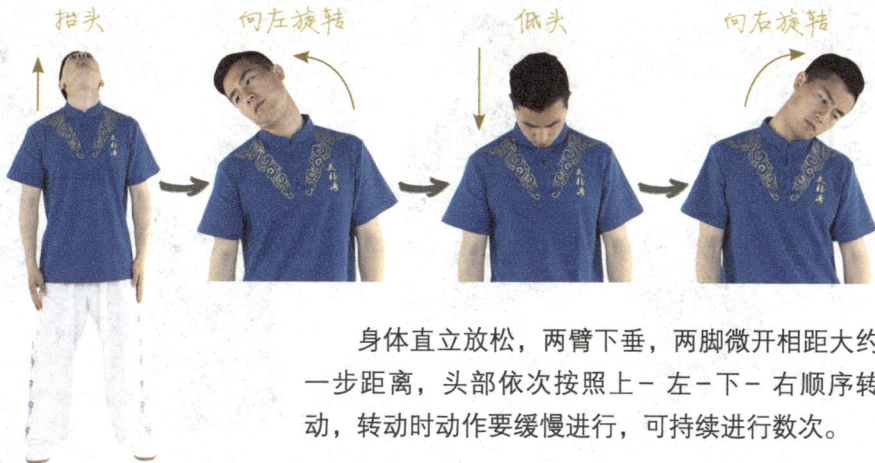

身体直立放松，两臂下垂，两脚微开相距大约一步距离，头部依次按照上－左－下－右顺序转动，转动时动作要缓慢进行，可持续进行数次。

双手前低头

握拳　　　放于脑后　　　合拢　　　低头

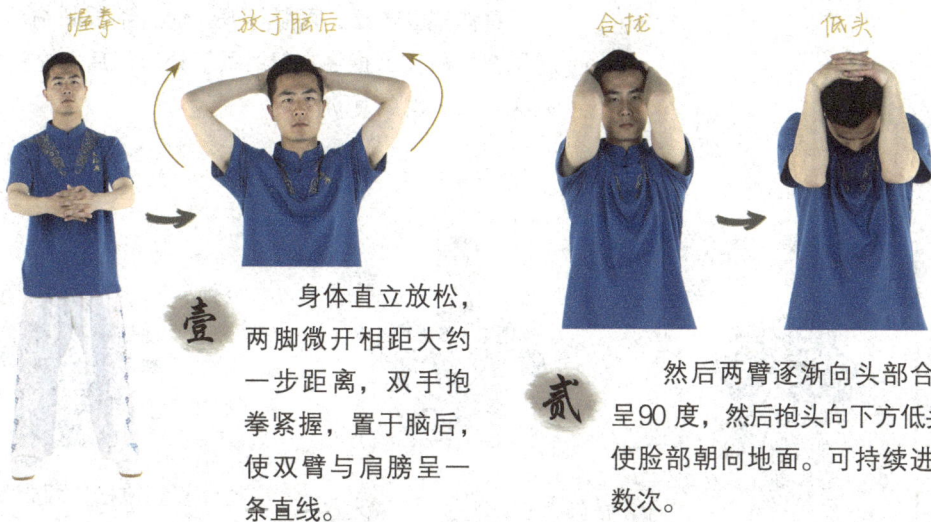

壹 身体直立放松，两脚微开相距大约一步距离，双手抱拳紧握，置于脑后，使双臂与肩膀呈一条直线。

贰 然后两臂逐渐向头部合拢呈90度，然后抱头向下方低头，使脸部朝向地面。可持续进行数次。

左右扭头

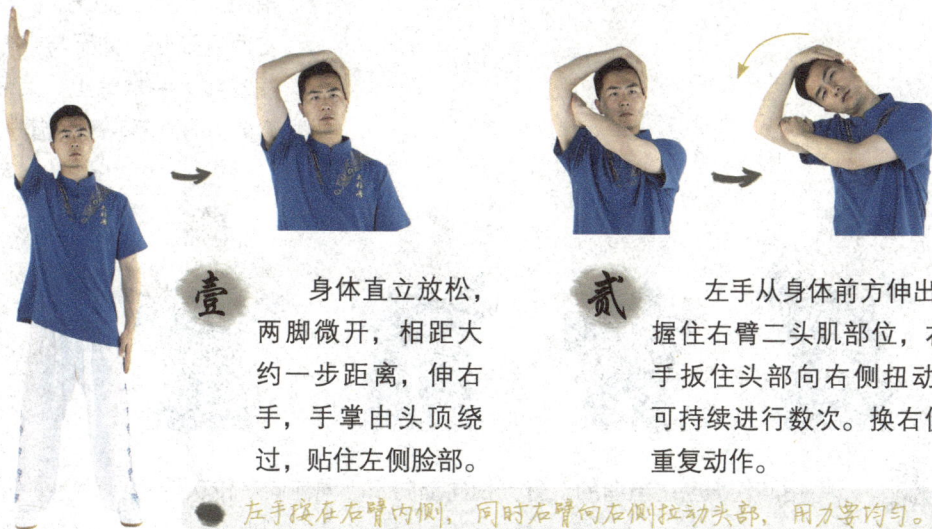

壹 身体直立放松，两脚微开，相距大约一步距离，伸右手，手掌由头顶绕过，贴住左侧脸部。

贰 左手从身体前方伸出，握住右臂二头肌部位，右手扳住头部向右侧扭动，可持续进行数次。换右侧重复动作。

左手按在右臂内侧，同时右臂向右侧扳动头部，用力要均匀。

二上肢运动

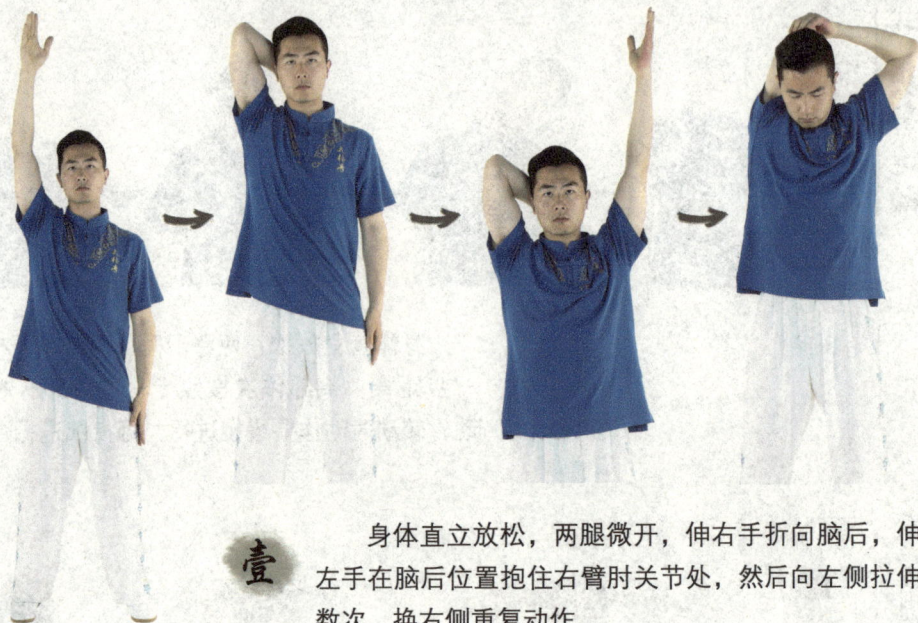

壹 身体直立放松，两腿微开，伸右手折向脑后，伸左手在脑后位置抱住右臂肘关节处，然后向左侧拉伸数次。换右侧重复动作。

三肩部运动

双臂平举，两臂伸直，动作要到位，注意双掌向上。

壹 身体直立放松，两脚微开，相距大约一步距离，两臂向左右两侧张开，伸至与肩部呈一条直线；手掌朝上，然后两臂弯曲折向肩部，手指指向肩膀。

用肩膀拉动两臂，转动位置：上下、前后。

贰 手指贴住肩膀，弯曲的双臂分别向上向下、向前向后依次转动。

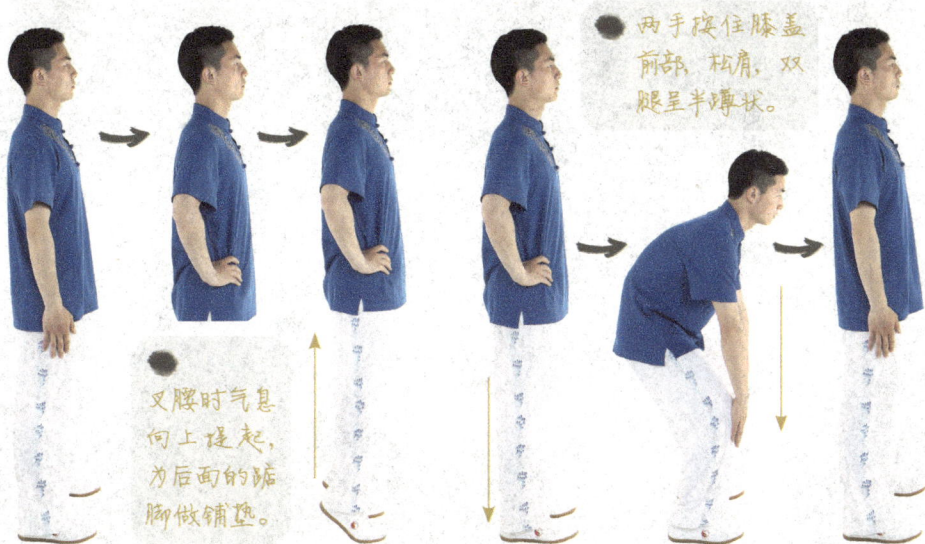

四 提膝运动

两手按住膝盖前部，松肩，双腿呈半蹲状。

叉腰时气息向上提起，为后面的踮脚做铺垫。

壹 身体直立放松，两脚微开，相距大约一步距离，双手叉腰，然后身体向上提起，脚尖着地。

贰 脚后跟落下，然后弯腰摸膝，两手分别摸住左右两侧膝盖，指尖向下。之后身体直起，动作归于原位。

五 伸展运动

双掌相准，由内向外翻掌，掌心此时向外。

壹 身体直立放松，两脚微开，相距大约一步距离，两手在腹部位置交叉相握，掌心向上。而后抬起交叉握起的双手，举至胸前，掌心向内。交叉双手由胸前向外翻掌，直到双臂伸直翻至头顶部，掌心向上掌背向下。

贰 接着弯腰前倾180度，直至手掌与地面为一指距离，双手掌心朝下。双手松开，分别摸住左右两侧膝盖，慢慢蹲下，两肩端平，平行于地面，然后起身直立复原。

第 三 章

杨氏太极拳的基本动作练习

练习太极拳时可以把所有动作拆开来学习，便于记忆与理解。
本章介绍的是太极拳的身体动作分解。

一、上半身基本动作练习

（一）起 势

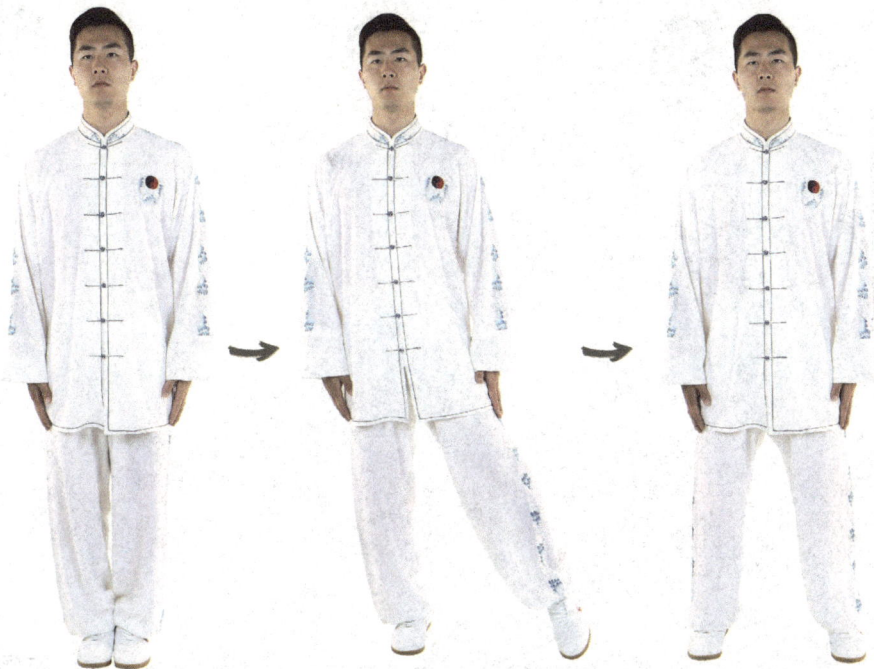

壹 　身体自然直立，两脚并拢，脚尖朝前；两臂自然下垂，两手放在大腿外侧；眼睛平视前方。之后左脚抬起，迈向左侧大约一步距离，呈两脚开立姿势。

贰 　两臂慢慢向上平举，缓缓升至与肩同高，与肩同宽，掌心向下。双腿微蹲，然后两掌轻轻下落，落至腹部，指尖向前，掌心向下，眼睛平视前方。

（二）抱球

 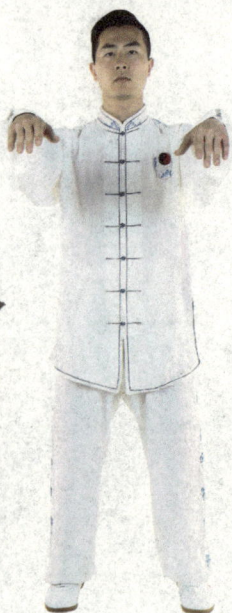 

壹 从初始姿势开始，双掌缓缓上举伸直，至与肩同宽同高处，掌心向下。

贰 左臂收在胸前平屈，掌心向下，右手向右下画弧至右肋处。

叁 上半身左转，右掌翻掌掌心向上，抬至腹前，放在左手下，两手掌心相对呈抱球状。

肆 上半身向右侧转体。

伍 身体回到正向前，然后左手翻掌，掌心向右，右手翻掌，掌心向左，两手掌心相对，置于胸前，与肩同宽。

陆 以腰为轴，上半身再向正右侧转体。

柒 同时右臂收在胸前平屈，手心向下，左手经体前向左下画弧，左手放在右手下，掌心向上，两手掌心相对呈抱球状。

捌 上半身接着向左转体，手部姿势不变，随身体转动。

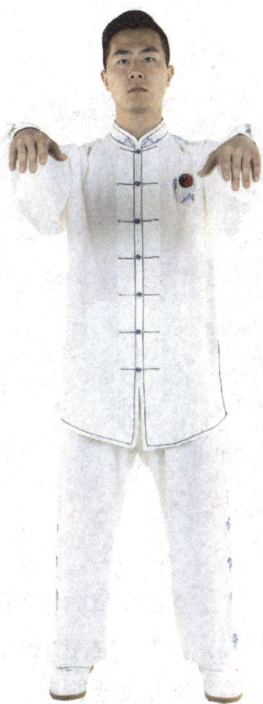

玖 左掌上举，右掌下落至胸前，双臂向前伸直，与肩同宽同高，掌心向下。

拾 双掌同时缓缓下落于左右两侧，双臂自然下垂，左脚向右脚内侧合拢。

（三）野马分鬃

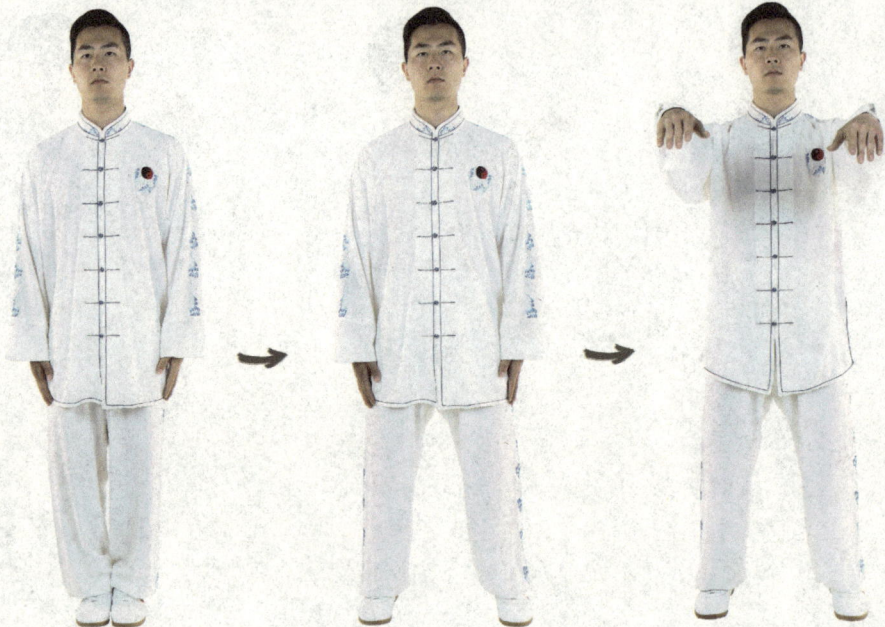

壹 从初始姿势开始，身体自然直立，左脚抬起迈向左侧大约一步距离，呈两脚开立姿势。

贰 双掌缓缓上举伸直，至与肩同宽同高处，掌心向下。

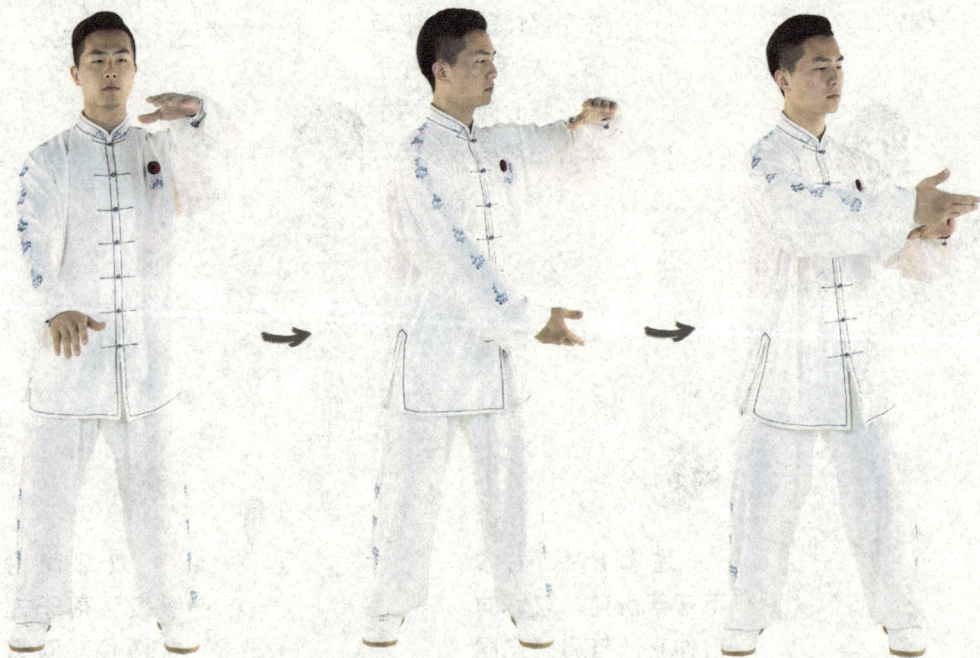

叁 上半身左转，左手在左胸前屈臂，掌心向下，指尖向右，右手向下画弧翻掌置于腹前，掌心向上，指尖向左，两手手心上下相对，在左肋前呈抱球状。

肆 之后左掌向左下画弧，右掌向右上画弧，两手手掌相交于胸前。

伍 上半身微右转，两掌慢慢撑开，左掌画弧至左肋旁，掌心向下，右掌画弧至右胸前，掌心向内。

陆 上半身右转，右掌在右胸前屈臂，掌心向下，指尖向左，左掌向内翻掌置于腹前，掌心向上，指尖向右；两掌心上下相对，在腹前呈抱球状。

柒 左掌向左上画弧，右掌向右下画弧，两手掌相交于胸前。

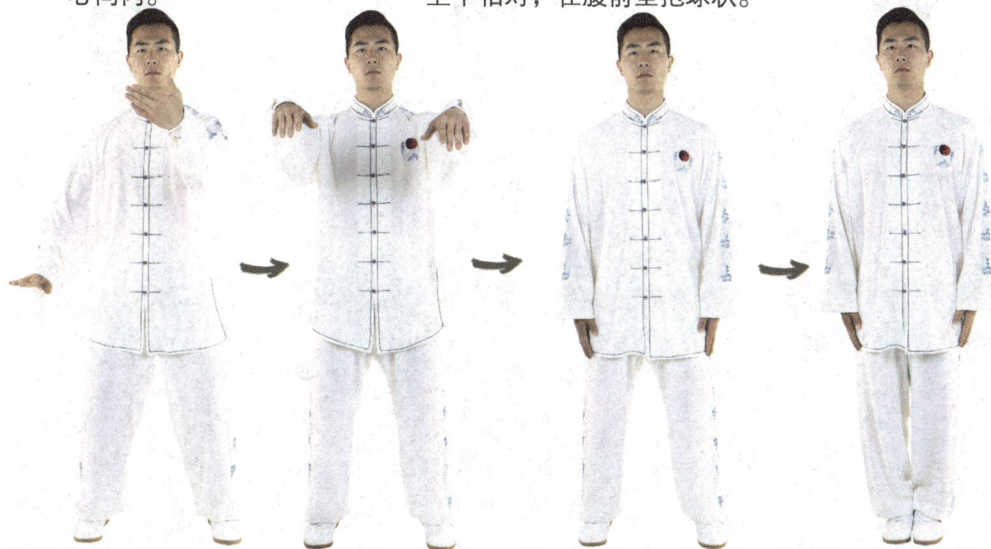

捌 上半身左转，两掌慢慢撑开，右掌画弧至右肋旁，掌心向下，左掌画弧至左胸前，掌心向内。

玖 左掌翻掌，掌心向下，右掌上举，两臂慢慢屈平于胸前，与肩同宽，掌心均向下。

拾 双臂经胸前缓缓下落于左右大腿外侧。

拾壹 左脚轻巧提起与右脚并拢，恢复成预备姿势，眼睛平视前方。

（四）倒卷肱

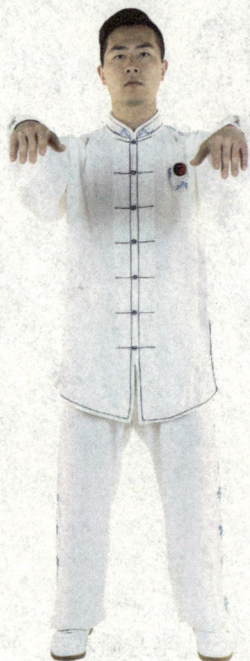

壹　从初始姿势开始，身体自然直立，左脚抬起迈向左侧大约一步距离，呈两脚开立姿势。

贰　两臂慢慢向上平举，两手高与肩平，与肩同宽，手心向下，上体保持正直。

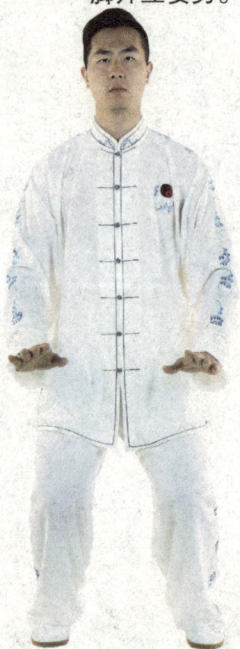

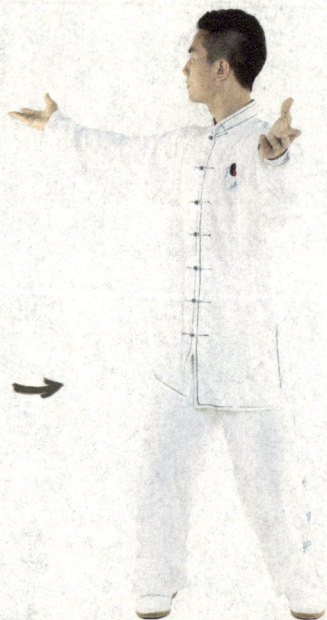

叁　两腿屈膝下蹲，同时两掌轻轻下落，落至腹前，指尖向前，掌心向下，眼睛平视前方。

肆　上半身右转，右掌向右侧画弧。

伍　左手翻掌，向上伸直平举，右手翻掌，经腹部前由下向后上方画弧平举，两掌掌心均向上。

陆 右掌从右后方收臂经过右耳处，掌心向前，左掌姿势不变。

柒 左掌向下向内屈臂收至腹前，掌心向上，指尖向右，右掌向头部正前方推掌伸直，掌心向前

捌 上半身左转，右掌向右侧画弧。

玖 右手翻掌向上伸直平举，左手翻掌经腹前由下向后上方画弧，平举两掌，掌心均向上。

拾 左掌从左后方收臂经过左耳处，掌心向前，右掌姿势不变。

拾壹 右掌向下向内屈臂，收至腹前，掌心向上，指尖向左，左掌向头部正前方推掌伸直，掌心向前。

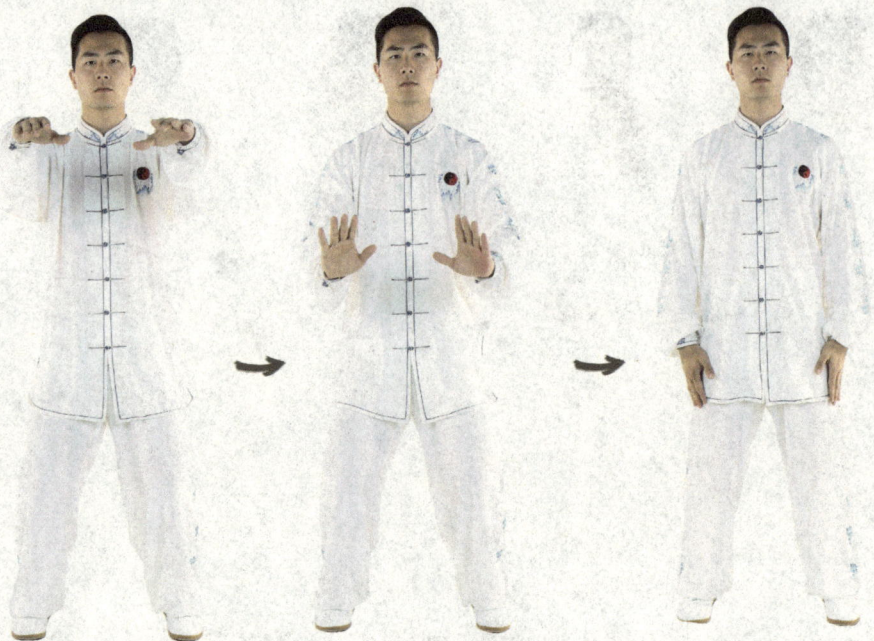

拾 贰 　左掌向前伸直平举，右掌上举翻掌向下，与肩同宽，掌心均向下。

拾 叁 　双臂经胸前缓缓下落于左右大腿外侧。

拾 肆

左脚轻轻提起，与右脚并拢，前脚掌先着地，随之全脚踏实，恢复成预备姿势，眼睛平视前方。

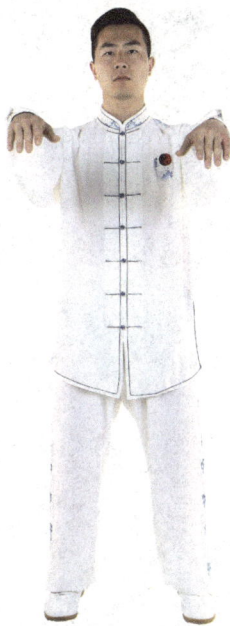

（五）白鹤亮翅

壹 从初始姿势开始，身体自然直立，左脚抬起迈向左侧大约一步距离，呈两脚开立姿势。

贰 两臂慢慢向上平举，两手与肩同高，与肩同宽，手心向下，上体保持正直。

叁 两腿屈膝下蹲，同时两掌轻轻下落，落至腹前，指尖向前，掌心向下，眼睛平视前方。

肆 左手提至胸前，臂微屈，掌心向下，指尖向右。

伍 右手翻掌向上，收至腹前，掌心向上，指尖向左，两手掌心相对呈抱球状。

陆 上体微向右转，左掌向下，右掌向上，两掌屈臂相交于胸前，掌心相对。

柒 上半身微左转，左掌向左下画弧至左肋旁，掌心向下，右掌向右上画弧至右耳上方，掌心向左，指尖向上。

捌 左手翻掌向上，屈臂收至腹前，掌心向上，指尖向右，右手屈臂落至胸前，掌心向下，指尖向左，两手掌心相对呈抱球状。

玖 上体微向左转，右掌向下，左掌向上，两掌屈臂相交于胸前，掌心相对。

拾 　右掌向右下画弧至右肋旁，掌心向下，左掌向左上画弧至左耳上方，掌心向右，指尖向上。

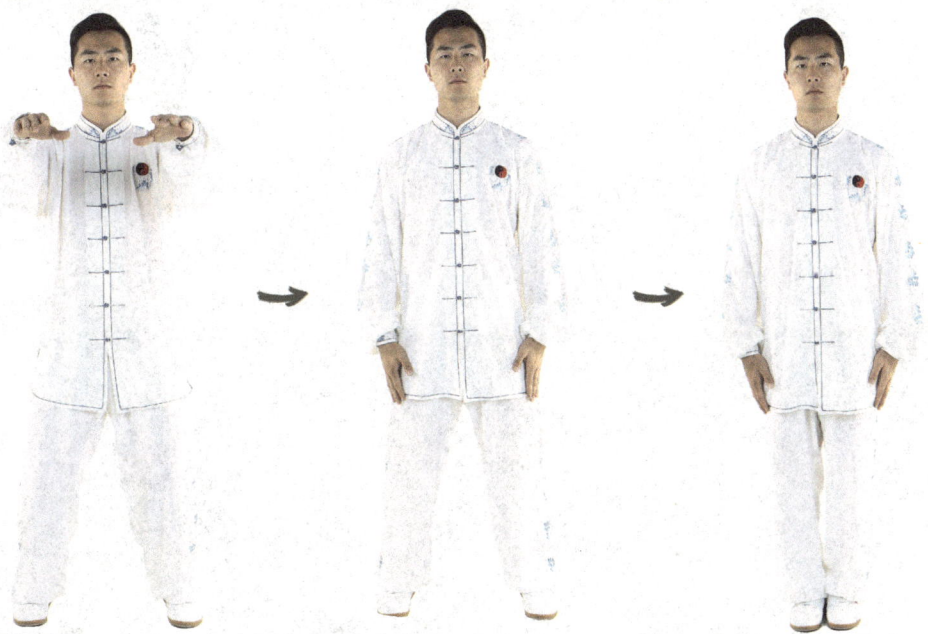

拾壹 　左掌向前伸直平举，右掌上举，翻掌向下，与肩同宽，掌心均向下。

拾贰 　双臂经胸前缓缓下落于左右大腿外侧。

拾叁 　左脚轻轻提起，与右脚并拢，前脚先着地，随之全脚踏实，恢复成预备姿势，眼睛平视前方。

（六）左右穿梭

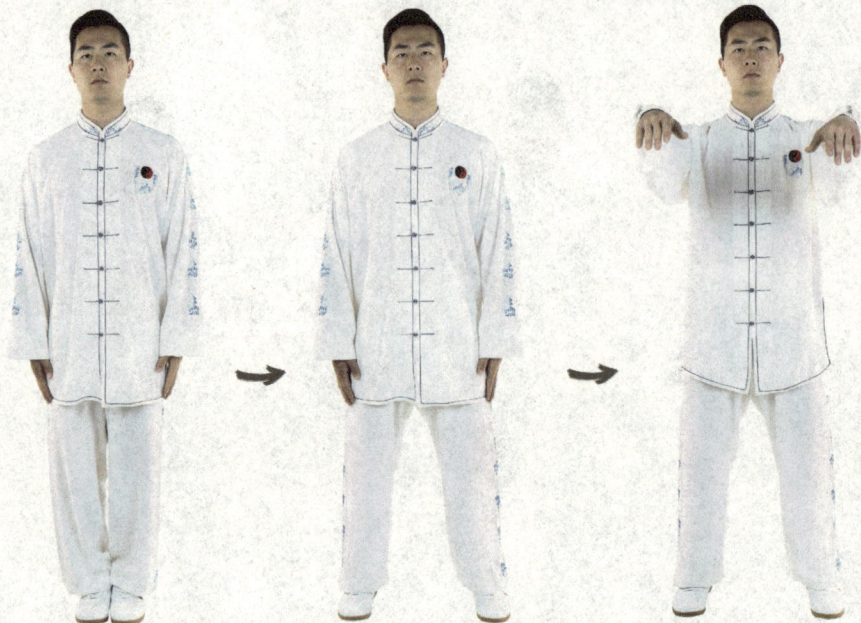

壹 从初始姿势开始，身体自然直立，左脚抬起迈向左侧大约一步距离，呈两脚开立姿势。

贰 两臂慢慢向上平举，两手与肩同高，与肩同宽，手心向下，上体保持正直。

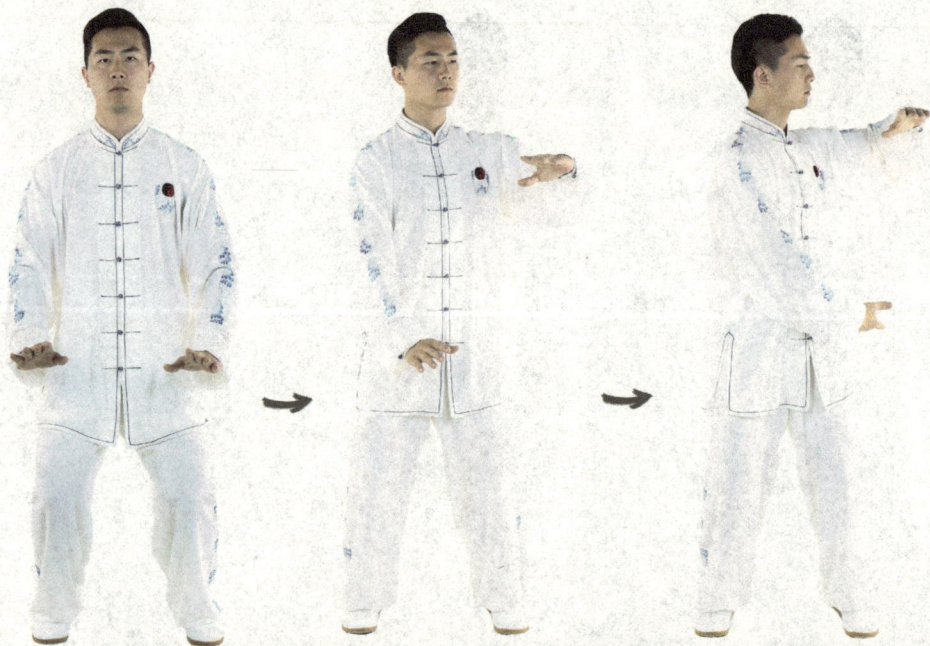

叁 两腿屈膝下蹲，同时两掌轻轻下落，落至腹前，指尖向前，掌心向下，眼睛平视前方。

肆 上体左转，左手屈臂提至胸前，掌心向下，指尖向右。

伍 右手翻掌向上，收至腹前，掌心向上，指尖向左，两手掌心相对呈抱球姿势。

陆　上体右转,左掌向下,右掌向上,两掌屈臂相交于胸前,掌心相对。

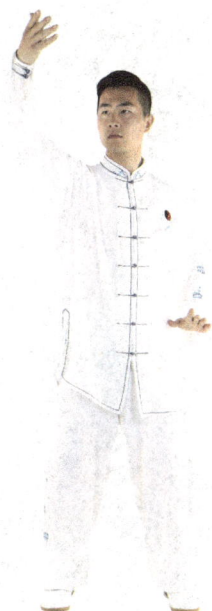

柒　左掌向左下画弧至左肋旁,掌心向下,右掌向右上画弧至右耳上方,掌心向左,指尖向上。

捌　左掌向右前方推掌,右臂伸直,掌心向前,右掌翻掌向外。

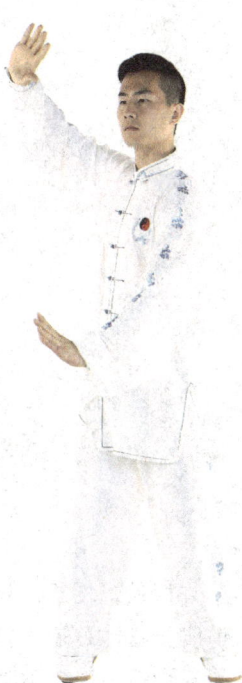

玖　左手翻掌向上,屈臂收至腹前,掌心向上,指尖向右,右手屈臂落至胸前,掌心向下,指尖向左,两手掌心相对呈抱球姿势。

拾 上体微向左转，右掌向下，左掌向上，两掌屈臂相交于胸前，掌心相对。

拾壹 右掌向右下画弧至右肋旁，掌心向下，左掌向左上画弧至左耳上方，掌心向右，指尖向上。

拾贰 右掌向左前方推掌，右臂伸直，掌心向前，左掌翻掌向外。

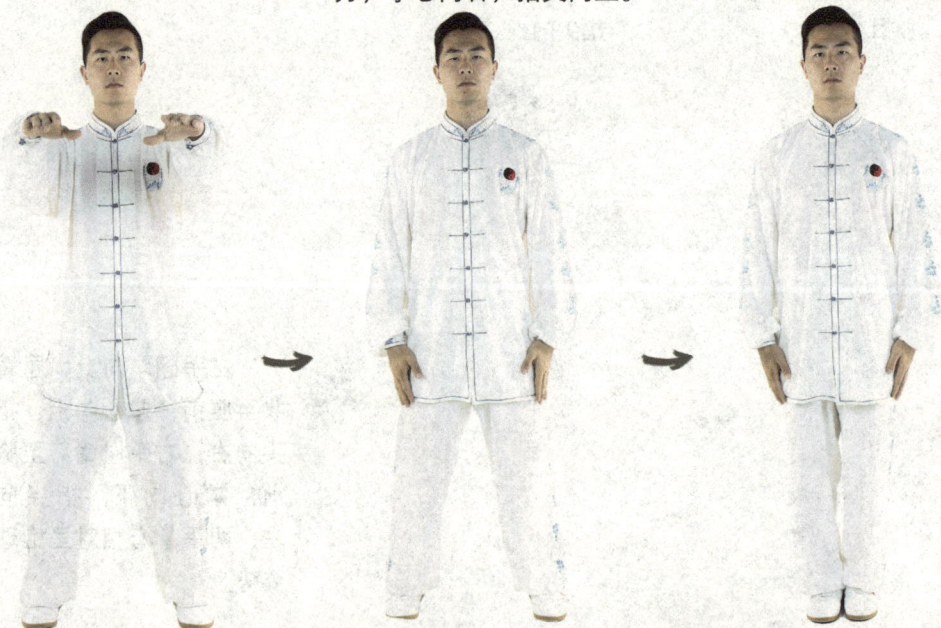

拾叁 左掌向前伸直平举，右掌上举，翻掌向下，与肩同宽，掌心均向下。

拾肆 双臂经胸前缓缓下落于左右大腿外侧。

拾伍 左脚轻轻提起，与右脚并拢，前脚先着地，随之全脚踏实，恢复成预备姿势，眼睛平视前方。

（七）搂膝拗步

 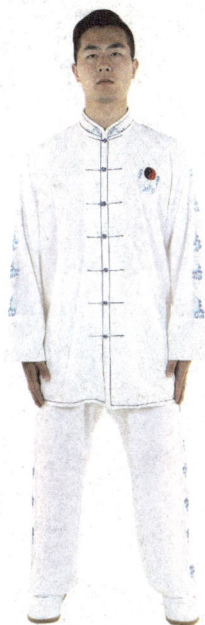 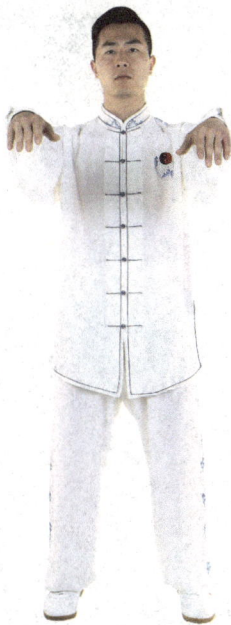

壹 从初始姿势开始，身体自然直立，左脚抬起迈向左侧大约一步距离，呈两脚开立姿势。

贰 两臂慢慢向上平举，两手与肩同高，与肩同宽，手心向下，上体保持正直。

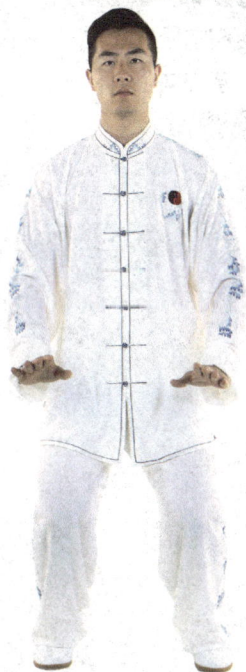  

叁 两腿屈膝下蹲，同时两掌轻轻下落，落至腹前，指尖向前，掌心向下，眼睛平视前方。

肆 同时上身向右转，左掌上举准备向内画弧。

伍 右手由下向后上方画弧，左手向右下方画弧。

陆 右掌至右肩部外侧，臂微屈，与耳同高，手心向上，左掌至右胸前，掌心向下。

柒 右掌屈臂回收至右耳侧，掌心向前，左掌下按至腹前，掌心向下。

捌 上体左转，在转体的同时右掌向前推出，右臂伸直竖掌，掌心向前，左手由腹前平搂，落于左胯旁，掌心向下。

玖 同时上身向左转，右掌翻掌，掌心向左，准备向内画弧。

拾 上身继续左转，左手由下向后上方画弧，右手向左下方画弧。

拾壹 左手至左肩部外侧，臂微屈，与耳同高，掌心向上，右手至左胸前，掌心向下。

拾贰　上体右转，在转体的同时左掌向前推出，左臂伸直竖掌，掌心向前，右手由右腹前平搂，落于右胯旁，掌心向下。

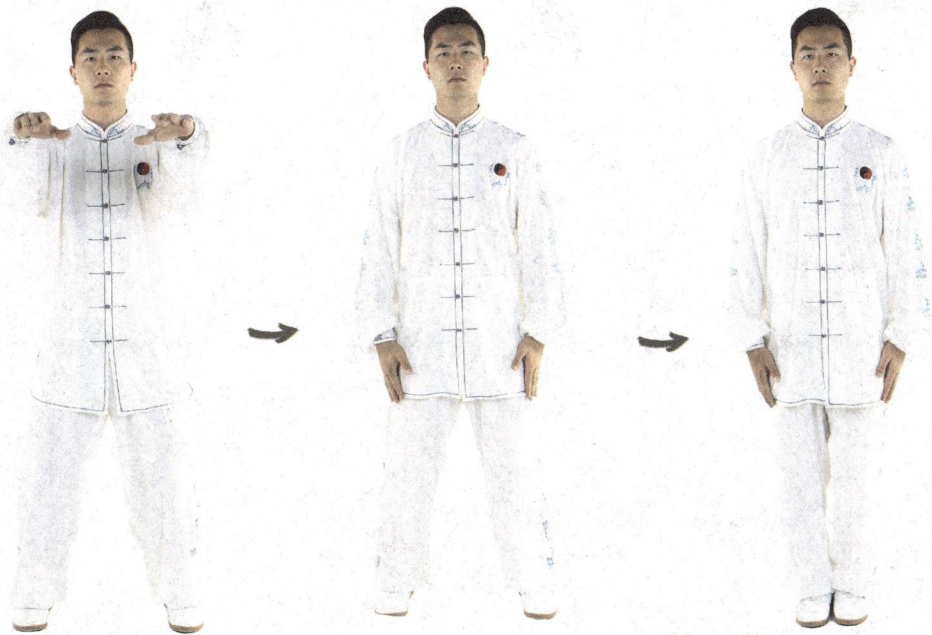

拾叁　左掌向前伸直平举，右掌上举翻掌向下，与肩同宽，掌心均向下。

拾肆　双臂经胸前缓缓下落于左右大腿外侧。

拾伍　左脚轻轻提起，与右脚并拢，前脚先着地，随之全脚踏实，恢复成预备姿势，眼睛平视前方。

（八）云手

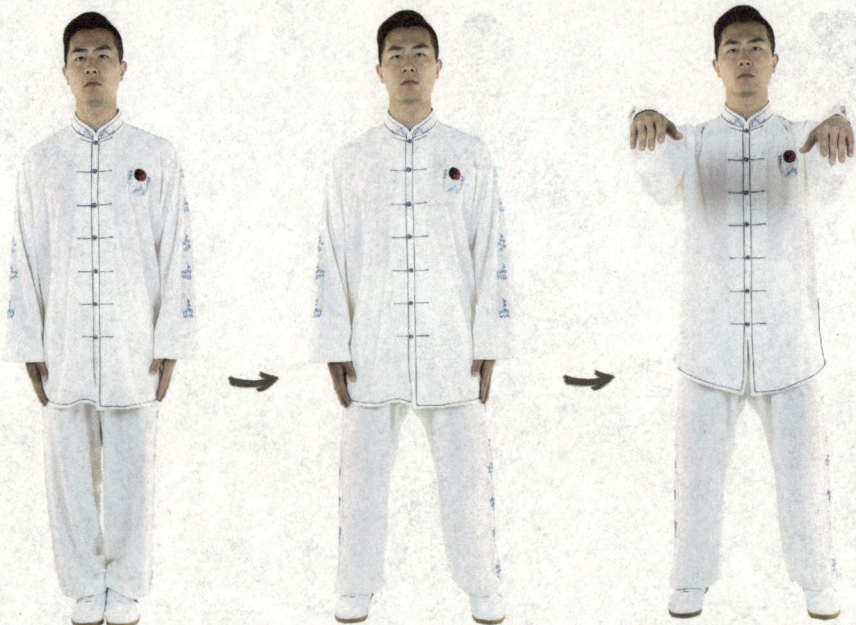

壹　从初始姿势开始，身体自然直立，左脚抬起迈向左侧大约一步距离，呈两脚开立姿势。

贰　两臂慢慢向上平举，两手与肩同高，与肩同宽，手心向下，上体保持正直。

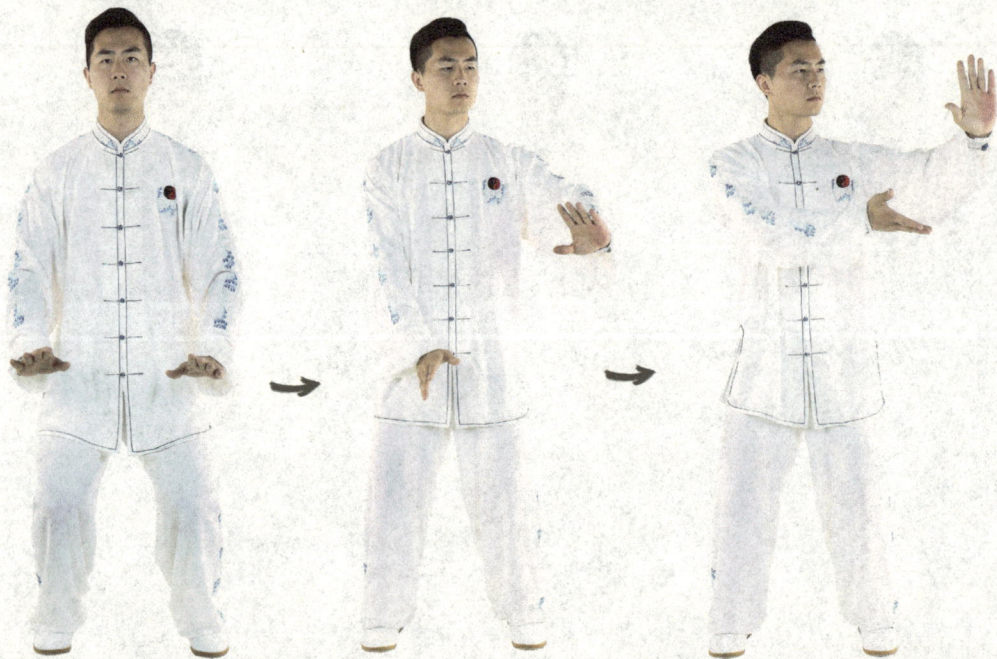

叁　两腿屈膝下蹲，同时两掌轻轻下落，落至腹前，指尖向前，掌心向下，眼睛平视前方。

肆　身体直立，上体微左转，左掌上举，右掌翻掌向上。

伍　左掌举至左胸前，屈臂竖掌，掌心向前，右掌屈臂向上托掌至左胸前，掌心向上，指尖向左。

陆 　　随后左掌下按，右掌继续上举。

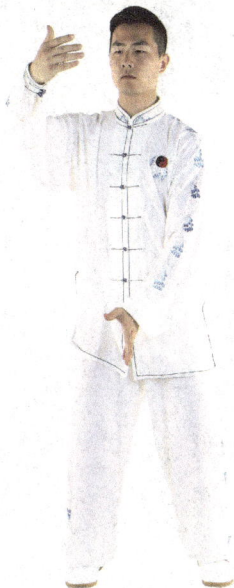

柒 　　上体微右转，左掌经腹前向右上方画弧，右掌翻掌向外。

捌 　　右掌举右至胸前，屈臂竖掌，掌心向前，左掌屈臂向上托掌至右胸前，掌心向上，指尖向右。

玖 　　随后右掌下按，左掌继续上举。

拾 　　上体微左转，右掌经腹前向左上方画弧，左掌翻掌向外。

拾壹 　　左掌举至左胸前，屈臂竖掌，掌心向前，右掌屈臂向上托掌至左胸前，掌心向上，指尖向左。

拾 貳 左掌向前伸直平举，右掌上举，翻掌向下，与肩同宽，掌心均向下。

拾 叁 双臂经胸前缓缓下落于左右大腿外侧。

拾 肆 左脚轻轻提起，与右脚并拢，前脚先着地，随之全脚踏实，恢复成预备姿势，双眼平视前方。

二 上半身与下肢结合动作练习

（一）野马分鬃起势

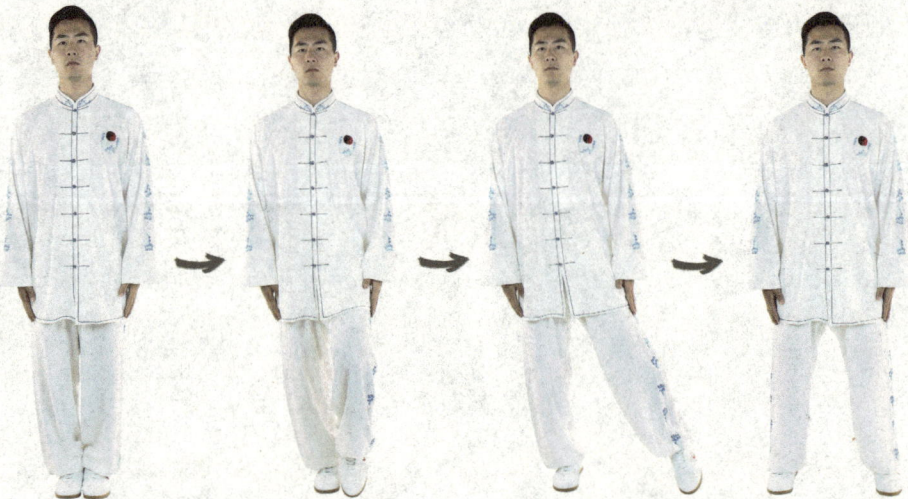

壹 身体自然直立，两脚并拢，与肩同宽，脚尖向前；两臂自然下垂，两手放在大腿外侧；眼睛平视前方。之后左脚抬起迈向左侧大约一步距离，呈两脚开立姿势。

贰 　两臂慢慢向前平举，两手举高与肩平，与肩同宽，掌心向下。上体保持正直，两腿屈膝下蹲；同时两掌轻轻下落，落至腹部，指尖向前，掌心向下，眼睛平视前方。

抱手收脚

叁 　身体右转，重心移至左腿，右脚向右侧迈步，右腿弯曲，重心前移至右腿。左脚随即收到右脚内侧，脚尖着地，眼看右手。同时右臂抬起，收至胸前平屈，掌心向下。左手翻掌经体前向右下画弧，放在右手下，掌心向上，两手掌心相对呈抱球状。

转体上步

肆 身体向左转，左脚向左前方迈出，右脚跟后蹬，右腿自然伸直，呈左弓步；左右手随转体慢慢分别向左上、右下分开，左手高与眼平，肘微屈，掌心向上，右手落在右胯旁，肘也微屈，掌心向下，指尖向前，眼睛看左手。

弓步分手

伍 身体微向左前方转体，右腿收脚迈向右侧，左腿弯曲，身体重心移至左腿，左脚后蹬，左腿自然伸直，呈右弓步。同时左右手随转体慢慢分别向右上、左下分开，右手高与眼平，肘微屈，掌心向上，左手落在左胯旁，肘也微屈，掌心向下，指尖向前，眼睛看右手。

收式

陆 左脚前迈，双腿微蹲，双脚成开立姿势，双臂前伸与肩同宽，随后双掌下落于身体两侧，左脚轻轻提起，与右脚并拢，前脚掌先着地，随之全脚踏实，恢复成预备姿势，眼睛平视前方。

（二）倒卷肱 起势

壹 身体自然直立，两脚并拢，与肩同宽，脚尖朝前；两臂自然下垂，两手放在大腿外侧；眼睛平视前方。之后左脚抬起迈向左侧大约一步距离，呈两脚开立姿势。

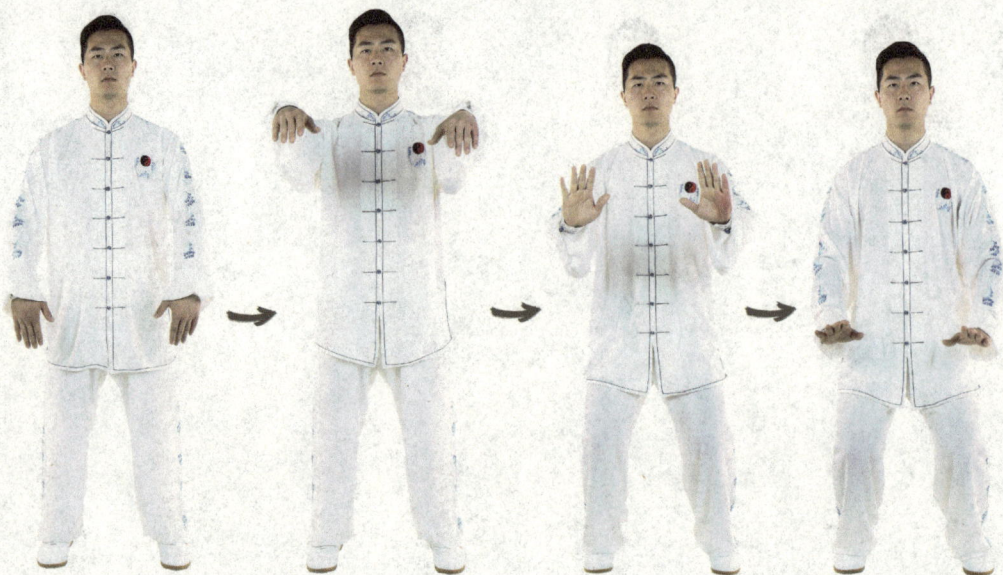

贰 　两臂慢慢向前平举，两手与肩同高，与肩同宽，掌心向下。上体保持正直，两腿屈膝下蹲；同时两掌轻轻下落，落至腹部，指尖向前，掌心向下，眼睛平视前方。

右倒卷肱

叁 　上体右转，右手翻掌（手心向上）经腹前由下向后上方画弧平举，臂微屈。右臂屈肘回收，右手经由右耳侧向前方推出，掌心向前；左手随即翻掌向上，向前方伸直平举，掌心向上。同时左脚向后方蹬脚，脚尖着地，而后踏实；眼睛随着向右转体先向右看，再转向前方看右手。

左倒卷肱

肆 　上体左转，左手翻掌（掌心向上）经腹前由下向后上方画弧平举，臂微屈。左臂屈肘回收，左手经由左耳侧向前方推出，掌心向前；右手随即翻掌，掌心向上，向前方伸直平举。同时右脚向后方蹬脚，脚尖着地，而后踏实；眼睛随着向右转体先向左看，再转向前方看左手。

收势

伍 　两臂慢慢屈平于胸前，与肩同宽，掌心向下，缓缓下落。左腿向后蹬脚，收至距右脚左侧一步距离，两腿微蹲，呈两脚开立姿势。

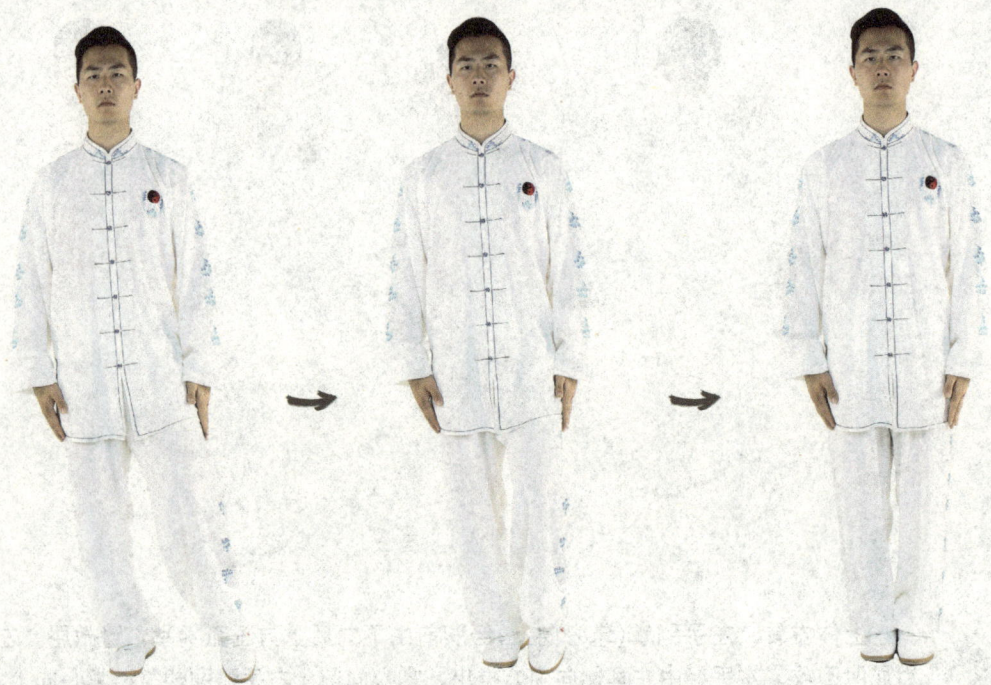

陆　　两手落于大腿外侧，左脚轻轻提起与右脚并拢，前脚掌先着地，随之全脚踏实，恢复成预备姿势，眼睛平视前方。

（三）左右玉女穿梭　起势

壹　　身体自然直立，两脚并拢，与肩同宽，脚尖朝前；两臂自然下垂，两手放在大腿外侧；眼睛平视前方。之后左脚抬起迈向左侧大约一步距离，呈两脚开立姿势。

贰   两臂慢慢向前平举，两手与肩同高，与肩同宽，掌心向下。上体保持正直，两腿屈膝下蹲；同时两掌轻轻下落，落至腹部，指尖向前，掌心向下，眼睛平视前方。

右玉女穿梭

叁   身体微向左转，同时两手在左胸前呈抱球姿势(左上、右下)，右腿缩至左脚内侧。然后右手向上方画弧抬至额前，掌心向内，左手向下按压至左肋处，右脚抬起向右上方蹬腿，应脚后跟着地。接着右手向下缩回，左手向上抬起，呈抱球状，右腿再次缩至左脚内侧。

肆 　右手向上方画弧抬至额前，掌心向内，左手向下按压至左肋处，右脚抬起向右上方蹬腿，应脚后跟着地。此时右手翻掌向外，左手经由腹前向前方推掌，左臂伸直微屈，掌心向外，右脚踏实，重心前倾，左腿蹬直。

左玉女穿梭

伍 　身体重心后移，右脚尖略向外撇，重心再移至右腿，左掌收回于胸前，掌心向下，右手向下置于胸前伸直，臂微屈，掌心向外。左脚经由右脚内侧向左前方迈步，右腿微屈，重心在右腿，左右两掌翻掌呈抱球姿势(左下、右上)，然后左掌由腹部向左上方送掌，右手向下方按压至右肋前，掌心向下。

陆 　　身体左转，左脚向左前方迈出，右腿屈膝弓腿，左脚脚跟着地，呈左弓步，左腿脚掌踏实前倾，重心前移，右腿蹬直。左手由脸部前方向上送掌，而后翻掌停在左额前，掌心斜向上；右手先向右下再经体前向前推出，与鼻尖同高，掌心向前，眼睛看右手。

收势

柒 　　然后两臂慢慢屈平于胸前，与肩同宽，掌心向下，缓缓下落。右腿向前迈步，收至距左脚右侧一步距离，两腿微蹲，两脚开立。

捌 两手落于大腿外侧，左脚轻轻提起与右脚并拢，前脚掌先着地，随之全脚踏实，恢复成预备姿势，眼睛平视前方。

（四）搬拦捶 起势

壹 身体自然直立，两脚并拢，与肩同宽，脚尖朝前；两臂自然下垂，两手放在大腿外侧；眼睛平视前方。之后左脚抬起迈向左侧大约一步距离，呈两脚开立姿势。

贰 　两臂慢慢向前平举，两手与肩同高，与肩同宽，掌心向下。上体保持正直，两腿屈膝下蹲；同时两掌轻轻下落，落至腹部，指尖向前，掌心向下，眼睛平视前方。

转身扣脚

叁 　身体左转，重心移至左腿；左脚向左前倾，呈左弓步，右脚提起向前方迈步，迈步时脚尖向下；左手向左上方抬起画弧，向胸前按压，右手由右下方变拳后向上抬起。

坐腿握拳

肆　右脚向前迈出，右腿伸直，脚后跟着地，右脚尖外撇，左腿微屈，重心在左腿。双手在胸前相交，左外右内，左手向下按压至左肋处，掌心向下，右拳向上翻出，向前平举，臂微屈，拳眼向内。

转体收拳

伍　身体重心移至右腿上，左脚向前迈一步绷直，脚后跟着地；右腿弯曲，重心在右腿。在迈步的同时，左手由下向上抬起，经左侧向前平行画弧，掌心向右，同时右拳由前向后收至右肋旁，翻拳，拳心向内，眼睛看左手。

弓步打拳

陆 左腿向前，脚掌踏实，左腿前弓，身体重心前移，右腿蹬直。右拳向前方伸直打出。

收势

柒 左右手分别向身体左右两侧打开。然后两臂慢慢屈平于胸前，与肩同宽，掌心向下，缓缓下落。右腿向前迈步，收至距左脚右侧一步距离，两腿微蹲，呈两脚开立姿势。

捌 　两手落于大腿外侧，左脚轻轻提起与右脚并拢，前脚掌先着地，随之全脚踏实，恢复成预备姿势，双眼平视前方。

（五）左右云手　起势

壹 　身体自然直立，两脚并拢，与肩同宽，脚尖朝前；两臂自然下垂，两手放在大腿外侧；眼睛平视前方。之后左脚抬起迈向左侧大约一步距离，呈两脚开立姿势。

贰　　　两臂慢慢向前平举，两手与肩同高，与肩同宽，掌心向下。上体保持正直，两腿屈膝下蹲；同时两掌轻轻下落，落至腹部，指尖向前，掌心向下，眼睛平视前方。

开步云手

叁　　　左脚先向左侧迈出一步，右脚随身体重心转移。左手翻掌经腹前向右上画弧至面部前侧，臂微屈，掌心斜向里，同时右手向上抬起至右肩前竖起，继而向下压掌至右肋旁。

并步云手

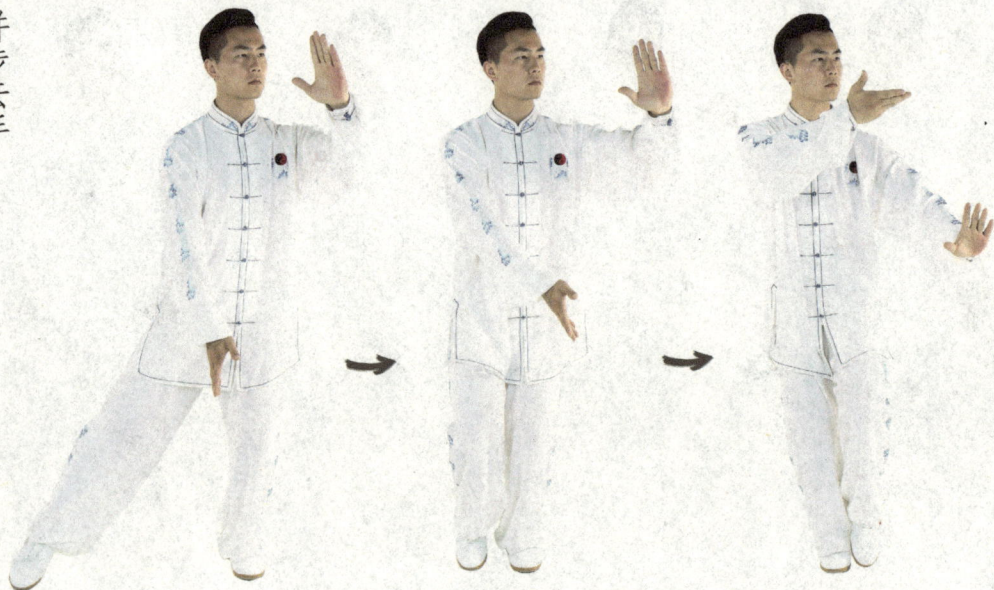

肆 　身体重心逐渐左移，左腿弯曲，右脚向左脚内侧迈步并拢；左手由脸前方向外侧翻掌前推，掌心向外，臂微屈；右手继续由右下方经腹前向左上画弧至左肩前。

伍 　上体再向右转，右腿弯曲，左脚向右脚内侧迈步并拢；右手由脸前方向外侧翻掌前推，掌心向外，臂微屈；左手继续由左下方经腹前向右上画弧至右肩前。

收势

陆 　　然后两臂慢慢屈平于胸前，与肩同宽，掌心向下，缓缓下落。两手落于大腿外侧，全脚踩实，恢复成预备姿势，眼睛平视前方。

（六）搂膝拗步　起势

壹 　　身体自然直立，两脚并拢，与肩同宽，脚尖朝前；两臂自然下垂，两手放在大腿外侧；眼睛 平视前方。之后左脚抬起迈向左侧大约一步距离，呈两脚开立姿势。

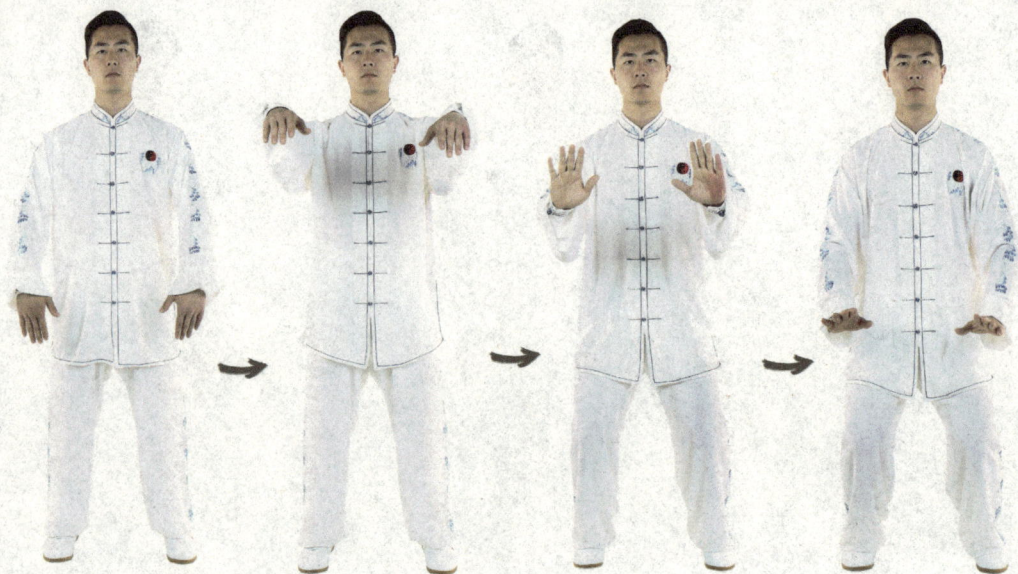

贰　　两臂慢慢向前平举，两手与肩同高，与肩同宽，掌心向下。上体保持正直，两腿屈膝下蹲；同时两掌轻轻下落，落至腹部，指尖向前，掌心向下，眼睛平视前方。

左搂膝拗步

叁　　身体右转，右腿向右侧跨步，左腿向右腿内侧迈步，脚尖着地，腿微屈。右手由下向上方画弧至右肩部外侧，臂微屈，与耳同高，掌心向上；左手抬起，由左向上、向右下方画弧至右胸前，掌心向下，眼睛看右手。

肆　上体左转，左脚向前迈出，脚跟着地，然后踏实，左腿弯曲重心前移至左腿，右腿蹬直。同时右手屈回，由右耳侧向前推出，臂伸直，高与鼻尖平，掌心向外；左手向下由左膝前搂过，落于左胯旁，臂微屈，掌心向下；眼睛看右手指。

右搂膝拗步

伍　身体左转，提左腿向左侧跨步，重心移至左腿上，右腿向左腿内侧迈步，脚尖着地，腿微屈；同时，左手向外翻掌，由左后向上平举，掌心向上，右手随转体向左下画弧落于左肩前，掌心向下，眼睛看左手。

陆　　上身右转，提右脚，右脚向前迈步，脚跟着地后踏实，左腿蹬直，呈右弓步，同时左手屈回，由左耳侧向前推出，臂伸直，高与鼻尖平，掌心向外；右手向下由右膝前搂过，落于右胯旁，臂微屈，掌心向下；眼睛看左手指。

收势

柒　　两臂慢慢屈平于胸前，与肩同宽，掌心向下，缓缓下落。左腿向前迈步，收至距右脚左侧一步距离，两腿微蹲，呈两脚开立姿势。

捌 　两手落于大腿外侧，左脚轻轻提起与右脚并拢，前脚掌先着地，随之全脚踏实，恢复成预备姿势，眼睛平视前方。

（七）捋挤式　起势

壹 　身体自然直立，两脚并拢，与肩同宽，脚尖朝前；两臂自然下垂，两手放在大腿外侧；眼睛平视前方。之后左脚抬起迈向左侧大约一步距离，呈两脚开立姿势。

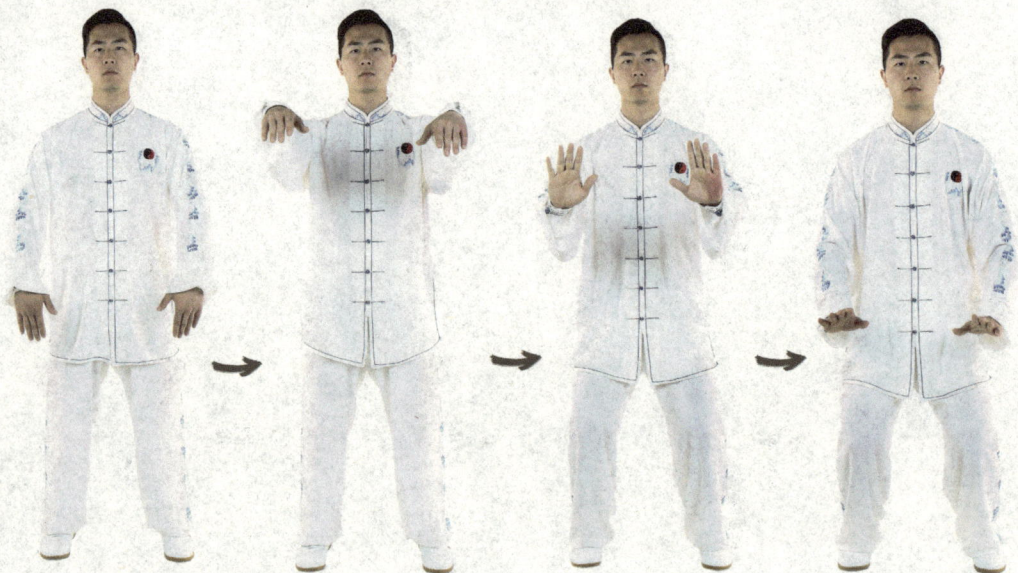

贰 两臂慢慢向前平举，两手与肩同高，与肩同宽，掌心向下。上体保持正直，两腿屈膝下蹲；同时两掌轻轻下落，落至腹部，指尖向前，掌心向下，眼睛平视前方。

右掤挤式

叁 上体左转，以脚跟为轴，左脚原地向左侧转动，右脚不动；左掌翻掌向上，右掌由下方向上穿插，两掌左右交叉于胸前，左掌掌心向上，右掌掌心向下，然后右掌向外推出，左掌下落。

肆 左掌收回捋至左胯外侧，右掌捋至腹前；同时右脚收于左脚内侧；眼看右前方。接着右脚向右前方迈出一步，脚跟着地；同时两前臂旋转（左臂内旋，右臂外旋），两掌翻转屈臂上举，掌心相对，收于胸前；头随身体自然转动。

左捋挤式

伍 重心前移呈右弓步；两臂同时向前挤出，两臂撑圆，左手掌贴近右腕，掌心向外，指尖斜向上，右掌心向内，指尖向左，与胸同高；眼看右腕，呈右捋挤式。接着重心右移，右腿呈右弓步；同时上体左转，左掌自右前臂上方穿出，向左前方画弧平抹，右掌微向后画弧，收至左肘内侧下方；眼睛看左掌。

陆 　　右掌收回捋至右胯外侧，左掌捋至腹前；同时左脚收于右脚内侧；眼看左前方。接着左脚向左前方迈出一步，脚跟着地；同时两前臂旋转（右臂内旋，左臂外旋），两掌翻转屈臂上举，掌心相对，收于胸前；头随身体自然转动。

收势

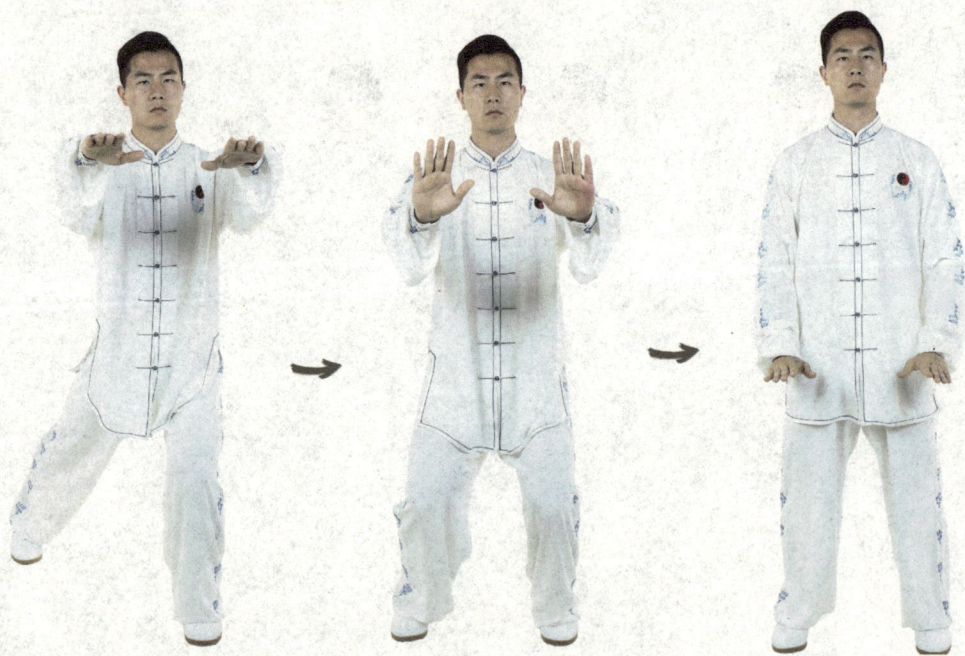

柒 　　然后两臂慢慢屈平于胸前，与肩同宽，掌心向下，缓缓下落。右腿向前迈步，收至距左脚右侧一步距离，两腿微蹲，呈两脚开立姿势。

捌 两手落于大腿外侧，左脚轻轻提起与右脚并拢，前脚掌先着地，随之全脚踏实，恢复成预备姿势，眼睛平视前方。

（八）掩手肱捶（进）起势

壹 身体自然直立，两脚并拢，与肩同宽，脚尖朝前；两臂自然下垂，两手放在大腿外侧；眼睛平视前方。之后左脚抬起迈向左侧大约一步距离，呈两脚开立姿势。

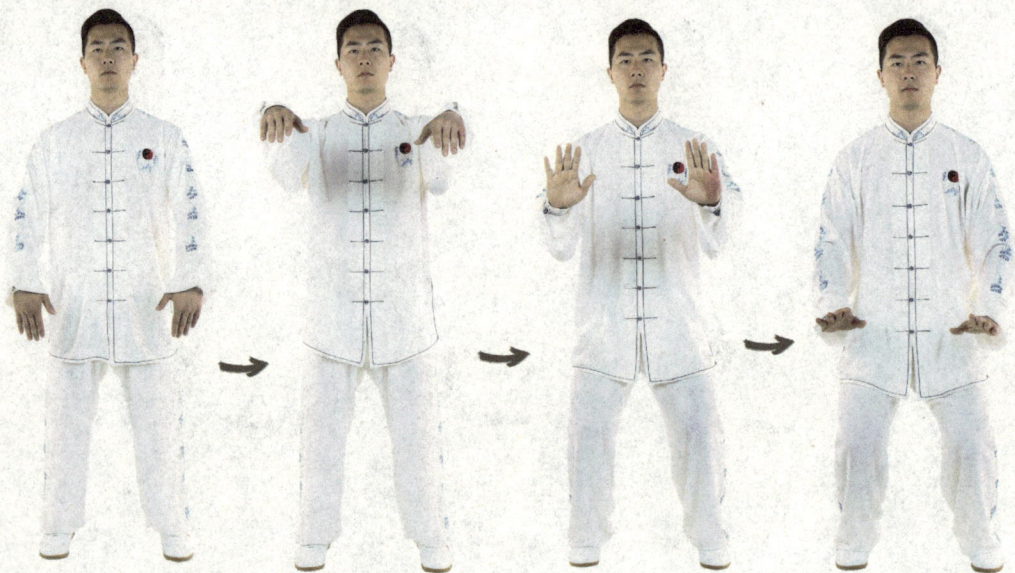

贰　　　两臂慢慢向前平举，两手与肩同高，与肩同宽，掌心向下。上体保持正直，两腿屈膝下蹲；同时两掌轻轻下落，落至腹部，指尖向前，掌心向下，眼睛平视前方。

提膝收腿

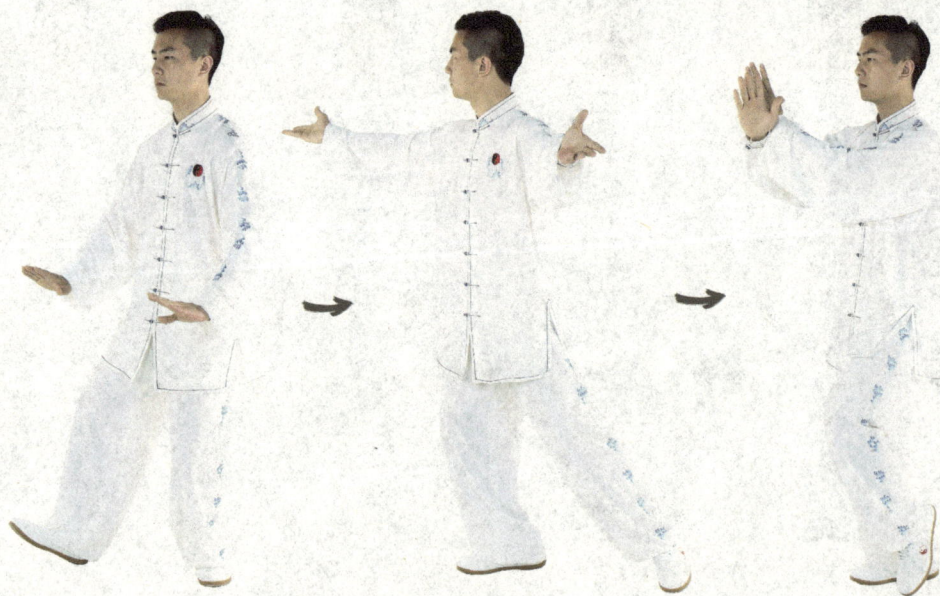

叁　　　上体右转，右脚原地向右侧转半步距离，左腿收回至右脚内侧，脚尖着地。双臂分别向左右两侧撑开，双手共同变掌上举，掌心向上，然后两臂相合于胸前，两肘相叠，左掌在内，右掌在外。

擦脚合臂

肆 　左脚向左侧跨步，双腿半蹲。双掌由上向下落至腹前后，分开向左右两侧拨掌，上身挺起，两掌拨至与胸平行，掌心同时向外。

转身旋臂

伍 　左掌翻掌收回，屈臂于胸前，掌心向上，右掌翻掌变拳屈臂收回，搭在左肘内侧，拳眼向内。

弓步发拳

陆 　右拳旋转向前方冲打，拳心转向下，左掌后收掌心贴于左腹部，目视右拳，然后右拳变掌，两臂外旋，左右两手向两边打开，掌心向上，眼睛看左掌。

提膝收腿

柒 　右脚屈收，落于左脚内侧，脚尖着地，接着右脚跟擦地向右开步。两臂相合于胸前，左后右前，两掌翻转下落，上下交叉相叠于腹部，左掌压于右掌背上，掌心均向下；眼睛看两掌。

擦脚合臂

捌　　双腿半蹲。双掌分开向左右两侧拨掌，上身挺起，两掌拨至与胸平行，掌心同时向外。右掌翻掌收回，屈臂于胸前，掌心向上，左掌翻掌变拳，屈臂向内收回。

弓步发拳

玖　　上体微左转，左右两手在胸前相交，左拳搭在右肘内侧，拳眼向内。然后重心右移，呈右弓步；左拳旋转向左方冲打，拳心转向下，右掌后收，掌心贴于右腹部，指尖向左，眼睛看左拳。

收势

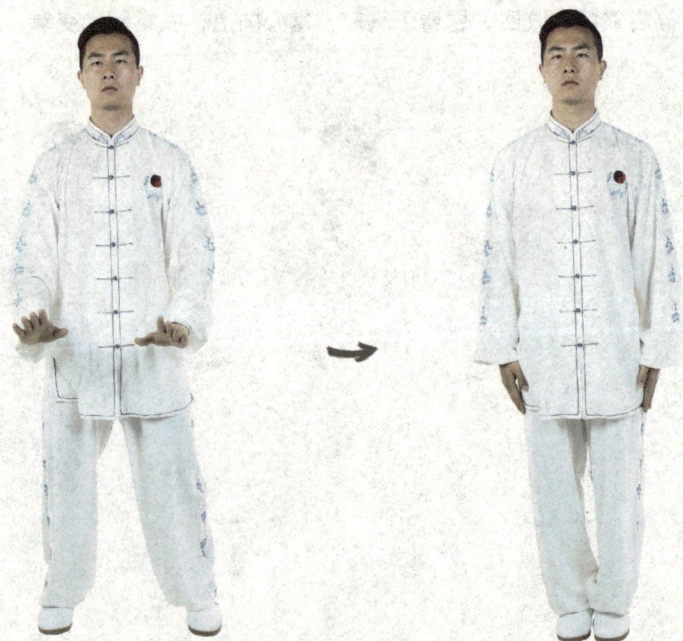

拾 两臂慢慢屈平于胸前，与肩同宽，掌心向下，缓缓下落。左腿向前迈步，收至距右脚左侧一步距离，两腿微蹲，两脚开立。两手落于大腿外侧，左脚轻轻提起与右脚并拢，全脚踏实，恢复成预备姿势。

第四章

杨氏 24 式太极拳套路教学

太极拳的基本要义为不使用武器，运用身体的各个部位进行格斗和自我防护。在功夫格斗技巧中，以踢、打、摔这三类技能为核心。

（一）起势

壹　　两脚平行并拢站立，两手自然下垂，轻贴两腿外侧，下颌微内收。抬左脚，身体重心左移。

贰　　左脚离地向左侧横开步，两脚距离与肩同宽。两脚尖向正前方；两手自然下垂，轻贴两腿外侧，眼睛平视前方。

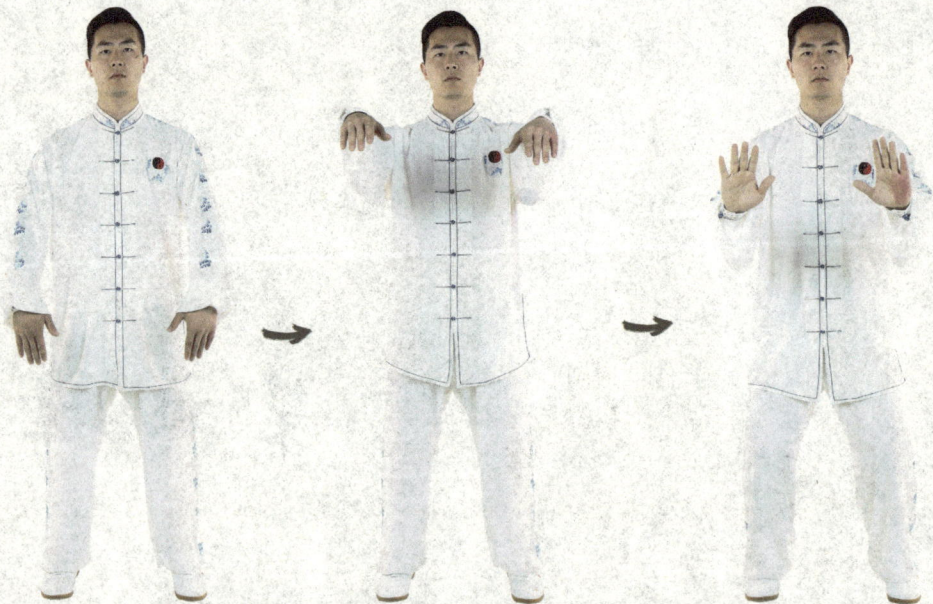

叁　　两手缓慢抬起，向前平举。

肆　　举起至与肩同宽同高，掌心向下，两肘微下垂。

伍　　两臂缓缓下落，双腿屈躬。

陆 两肩松沉，两肘松垂带动双臂下落，掌心向下坐腕，落于腹前，同时，两腿屈膝下蹲，眼睛平视前方。

（二）野马分鬃

壹 上体右转，重心逐渐移至右腿。

贰 同时右臂收在胸前平屈，掌心向下，左手经体前向右下画弧至右手下方。

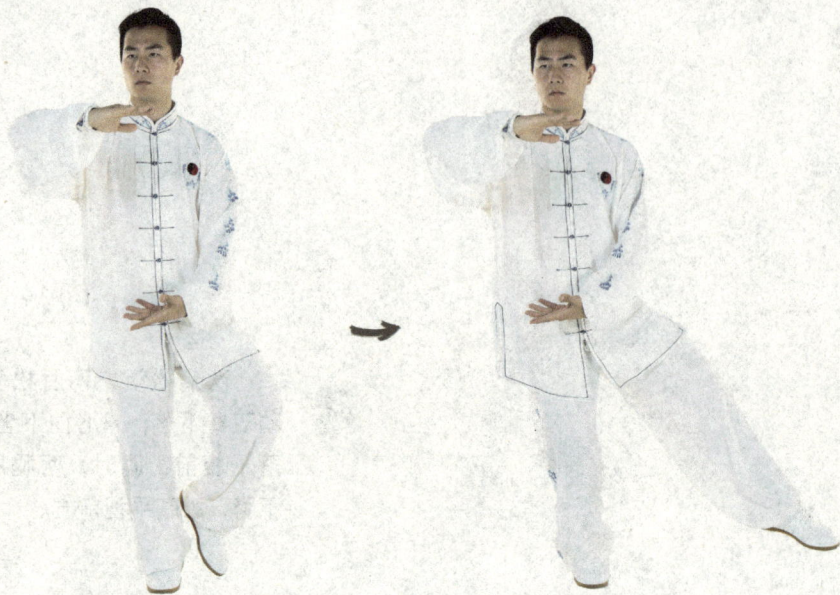

叁　两手掌心相对，右上左下，右手大体与肩平，左手朝上置于腹前部，在胸前呈抱球姿势。

肆　接着左脚抬起，转向左侧。

伍　眼睛看向左前方。上体左转，左脚向左前方上一步，脚跟轻着地，重心仍在右腿。

陆　上体挺直，继续左转，重心移至左腿，屈膝前弓，右腿自然蹬直，呈左弓步。

柒 同时两手前后分别向左上和右下两个方向分开。

捌 左手与眼同高，掌心斜向上，右手按至右胯旁，掌心向下，指尖向前，两臂微屈，眼睛看左手。

玖 上体慢慢后坐，身体重心移至右腿，左脚尖翘起，微向外撇（大约45度到60度）。

拾 左脚掌慢慢踏实，左腿慢慢前弓，身体左转，身体重心再移至左腿，同时左手翻转向下。

拾壹 左臂收在胸前平屈，右手向左上画弧放在左手下，两手掌心相对呈抱球状，右脚随即收到左脚内侧，脚尖点地，眼睛看左手。

拾 贰 上体挺直，继续右转，重心移至右腿，屈膝前弓，左腿自然蹬直，呈右弓步姿势。

拾 叁 同时两手前后分别向右上和左下两个方向分开，右手高于胸口，掌心斜向上，左手按至左胯旁，掌心向下，指尖向前，两臂微屈，眼睛看右手。

拾 肆 上体挺直，继续左转，重心移至右腿，屈膝前弓，左腿自然蹬直，呈右弓步；同时两手前后分别向左下和右上两个方向分开。

拾 伍 右手与眼同高，掌心斜向上，左手按至左胯旁，掌心向下，指尖向前，两臂微屈，眼睛看右手。

拾 陆 　右腿向右前方迈出，左腿自然伸直，呈右弓步；同时上体右转，左右手随转体分别向左下、右上分开。

拾 柒 　右手与眼同高（手心斜向上）肘微屈，左手落在左胯旁，肘微屈，掌心向下，指尖向前，眼睛看右手。

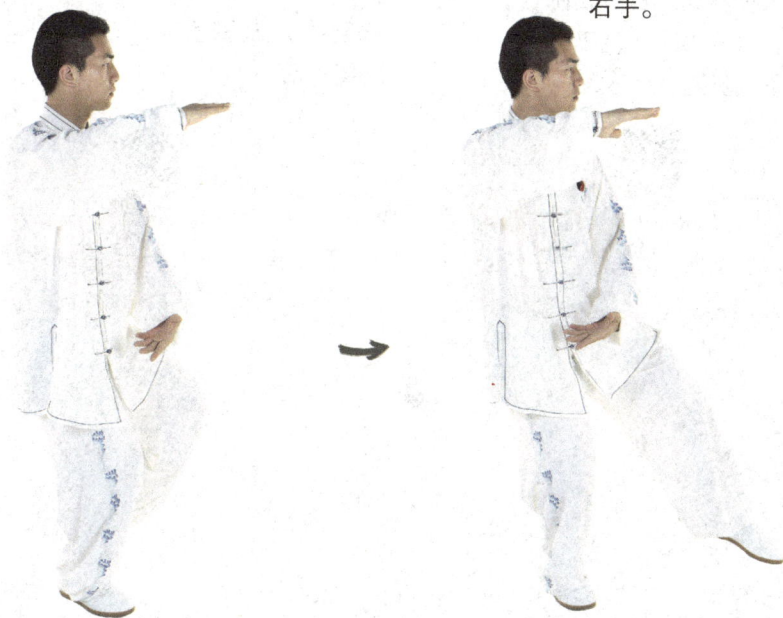

拾 捌 　接着左脚抬起，转向左侧，眼看左侧方向。

拾 玖 　两手掌心相对，右上左下，右手大体与肩平，左手朝上置于腹前部，在胸前呈抱球姿势。

贰拾 上体左转，左脚向左前方上一步，脚跟轻着地，重心仍在右腿。右臂收在胸前平屈，掌心向下，左手经体前向右下画弧至右手下方。

贰壹 上体挺直，继续左转，重心移至左腿，屈膝前弓，左脚踏实不动。

贰贰 右腿自然蹬直，呈左弓步；同时两手前后分别向左上和右下两个方向分开。

贰叁 左手向上，右手向下，呈左弓步。

贰肆 左手与眼同高，掌心斜向上，右手按至右胯旁，掌心向下，指尖向前，两臂微屈，眼睛看左手。

（三）白鹤亮翅

壹　左手翻掌向下，左臂平屈胸前，右手向左上画弧，掌心转向上，与左手成抱球状，眼看左手。右脚向前跟半步，前脚掌轻轻落地，与左脚跟相距约一脚长。

贰　上体后坐，身体重心移至右腿，右手经胸前向左上方画弧。左手扶住右臂内侧跟着转向。

叁　左脚稍向前移，脚尖点地，呈左虚步，同时上体再微向右转，右手画弧至右侧头顶，左手扶住右臂内侧。

肆　两手随转体慢慢向右上、左下分开。右手上提，停于右前额顶部，掌心向左后方，左手落于右胯前，掌心向下，指尖向前，眼睛平视前方。

（四）搂膝拗步

壹　右手从体前下落，左手由左边起，向右下方画弧，掌心向下；同时上身微向左转，眼睛看右手。

贰　上身微向右转，右手由下向后上方画弧至右肩部外侧，臂微屈，掌心斜向上；左手经过左胸前向右下方画弧。

　　上体右转；两臂交叉摆动，右手自头前下落，经右胯侧向右后方上举，与头同高，掌心斜向上；左手自左侧上摆经头前，向右、向下方画弧至右胸前，掌心向下；同时左脚回收落在右脚内侧，脚尖点地。头随身体转动，眼睛看右手。

　　迈步屈肘，上体稍左转，左脚向前上一步，脚跟轻轻落地；右臂屈肘，右手收至耳旁（虎口对耳），掌心斜向前；左手向左下方画弧至腹前；眼睛平视前方。

伍 　　上体继续左转；重心前移，左脚踏实，左腿屈弓，右腿自然蹬直呈左弓步；左手由左膝前向左搂过，按于左胯旁，掌心向下，指尖向前；右手成立掌向前推出，指尖与鼻同高，右臂自然伸直，肘部微屈。眼睛看右掌。

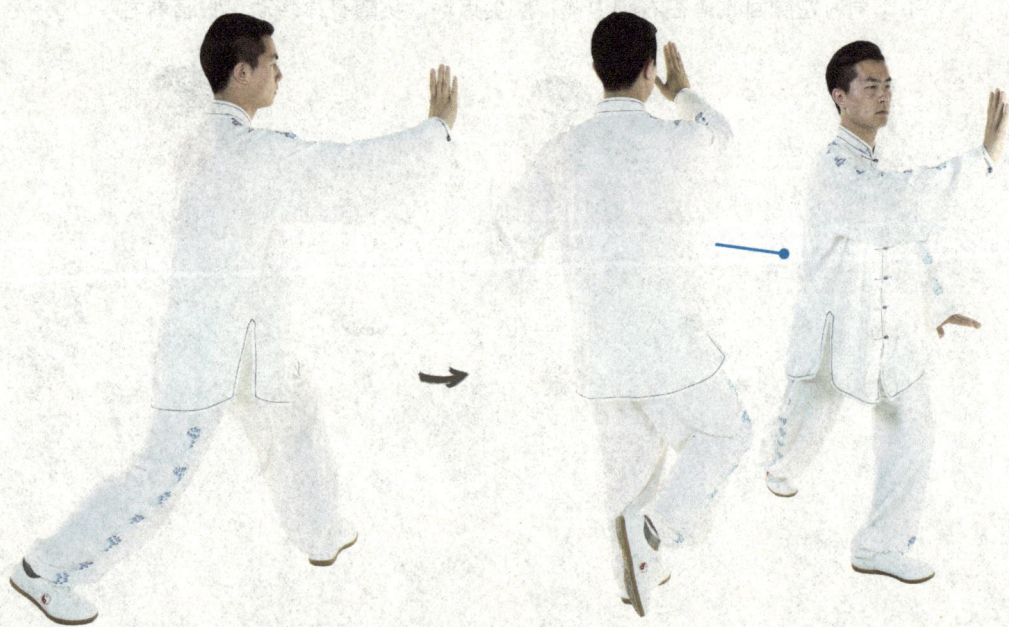

陆 　　上体左转；两臂外旋，开始向左摆动，右手随之向左画弧；眼睛随右手。

柒 　　提右脚至左脚内侧，双臂继续向左摆动。

捌　　上体继续微左转；重心前移，右脚收至左脚内侧，脚尖点地；随之左手向左、向上画弧，举至身体左前方，与头同高，掌心斜向上。

玖　　上体稍右转，右脚向前上一步。手继续前摆。

拾　　右脚跟轻轻落地；左臂屈肘，左手收至耳旁（虎口对耳），掌心斜向前；右手向右下方画弧至腹前；眼睛平视前方。

拾壹　　右脚踏实，右手摆左肋旁，掌心向下；眼睛看左手。

拾 贰 　上体继续右转；重心前移，右腿屈弓，左腿自然蹬直呈右弓步；右手由右膝前向右搂过，按于右胯旁，掌心向下，指尖向前；左手成立掌向前推出，指尖与鼻同高，左臂自然伸直，肘部微屈。眼睛看左掌。

拾 叁 　重心稍后移，右脚尖翘起外撇，上体右转；两臂外旋，开始向右摆动，左手随之向右画弧；眼睛看随右手。

拾 肆 　左脚提至右脚内侧，双手移至体右侧，掌心左下右上。

拾　伍　右手向上画弧，举至身体右前方，与头同高；掌心斜向上；左手向左下方摆动。

拾　陆　左手向左下画弧至腹前，掌心向下，然后上体稍左转，左脚向前上一步，脚跟轻轻落地；右臂屈肘，右手收至耳旁（虎口对耳），掌心斜向前；眼睛平视前方。

拾　柒　上体继续左转；重心前移，左脚踏实，左腿屈弓，右腿自然蹬直呈左弓步；左手由左膝前向左搂过，按于左胯旁，掌心向下，指尖向前；右手成立掌向前推出，指尖与鼻同高，右臂自然伸直，肘部微屈。眼睛右掌。

（五）手挥琵琶

壹 接上步，右脚向前跟进半步。

贰 上体后坐，重心移至右腿，上体稍向右转，左臂上提，右臂后收。

叁 右手收回放在左臂肘部里侧，掌心斜向前下方。右臂提至左肩前微屈，掌心向下。

肆 左腿向前方跨步，呈左虚步姿势。

伍 左脚脚跟着地，脚尖翘起。两掌指尖朝上，与胸齐高，眼睛平视前方。

（六）倒卷肱

壹　　上体右转，右手翻掌（掌心向上）经腹前由下向后上方画弧平举，臂微屈，左手随即翻掌向上；眼睛随着向右转体向右看。

贰　　右臂屈肘折向耳旁，掌心向前。

叁　　左脚经右脚内侧向后迈步后撤。

肆　左腿轻轻提起向后（偏左）退步，脚尖着地。

伍　左脚慢慢踏实，身体重心移到左腿上。左臂屈回向后收掌，掌心向上；右手由耳侧向前推出，掌心向前。

陆　左臂撤至左肋外侧；右掌向前推出。身体微左转，眼睛看右手。

柒　身体继续左转，脚呈右虚步姿势。

捌　上体左转，左手翻掌（掌心向上）经腹前由下向后上方画弧平举，臂微屈。右手随即翻掌向上；眼睛姿势随着向左转体先向右看，再转向前方看左手。

玖 左臂屈肘折向前，掌心向前。

拾 右腿轻轻提起向后（偏右）退一步。

拾壹 右脚脚尖着地，头向前转，眼睛看右手。

拾贰 右臂屈回向后收掌，掌心向上；左手由耳侧向前推出，掌心向前。然后右脚慢慢踏实，身体重心移到右腿上，呈左虚步姿势。

拾 叁 　上体微向右转，同时右手随转体向后上方画弧平举，掌心向上，左手随即翻掌，掌心向上；眼睛随转体向右看。

拾 肆 　右臂屈肘折向前，经过耳旁，左臂伸直后屈肘后撤，掌心向上。左腿轻轻提起向后（偏左）退一步，脚尖着地。

拾 伍　左臂屈回向后收掌，掌心向上；右手由耳侧向前推出，掌心向前。同时左腿脚尖着地，然后全脚慢慢踏实，身体重心移到左腿上，呈右虚步姿势。

拾 陆　左臂后撤，身体微左转，眼睛看右手。

拾 柒　左臂撤至左肋外侧，眼睛看左手。左手翻掌。

拾 捌　左臂屈肘折向前，经过耳旁，右臂伸直后屈肘后撤，掌心向上。

拾 玖　左臂屈肘折向前，经过耳旁，手心向前，右臂伸直后屈肘后撤，手心向上。右腿轻提向后退步。

贰 拾　右腿轻轻提起向后（偏右）退一步，脚尖着地。

贰 壹　右臂屈回向后收掌，掌心向上；左手由耳侧向前推出，掌心向前。然后右脚慢慢踏实。

贰 贰　身体重心移到右腿上，呈左虚步姿势。

（七）左揽雀尾

壹 上体微右后转；右手由腰侧向右上方画弧，右臂微屈。

贰 左脚抬起向后撤步。

叁 左脚撤步至右脚内侧，左右两手在胸前呈抱球姿势。

肆 左脚从后向前方迈出，脚后跟着地。

伍 重心移至左腿，呈左弓步，两手前后分开，目视前方。同时左臂向左前方伸出（即左臂平屈呈弓形，用前臂外侧和手背向前方推出），与肩同高，右掌向下按压至右肋旁边。

陆 右手向前伸出。

柒 身体微向左转，左手随之前伸，掌心向下；同时，右手经腹前向左上前伸至左前臂内侧下方，翻掌掌心向上。

捌 双手后撤继而向右下方画弧。

玖 上体右转，两手同时向下经腹前向右后方画弧后捋。

拾 双手继续后撤画弧。

拾 壹 　右手举于身体侧后方，掌心向外；左臂平屈于胸前，掌心向内；重心后移，身体后坐，右腿屈膝，左腿自然伸直。

拾 贰 　右手由身体侧后方向前翻掌，举至与头同高，眼睛随右手转动。

拾 叁 　上体向左转；右臂屈肘收回至胸前，右手搭于左手腕内侧，掌心向前。

拾 肆 　重心前移，左腿屈弓，右腿自然蹬直呈左弓步；右手推送左前臂向体前挤出，与肩同高，两臂撑圆，眼睛平视前方。

拾 伍 左手翻转向下，右手经左腕上方向前伸出，与左手平，掌心也转向下；两手左右分开与肩同宽，两臂屈收。

拾 陆 重心后移，上体后坐，右腿屈膝，左腿自然伸直，左脚尖翘起；两手后引，经胸前收到腹前，掌心斜向前下方。眼睛平视正前方。

拾 柒 重心前移，左脚踏实，左腿屈弓，右腿自然蹬直呈左弓步；两手沿弧线推按至体前，两腕与肩同高同宽，两掌掌心向前，指尖向上。眼睛平视前方。

（八）右揽雀尾

壹　　身体后坐并向右转，重心移至右腿，左脚尖内扣；两手沿弧线向前方推按至体前，两腕与肩同高同宽，两掌掌心向前，指尖向上。

贰　　右手经头前画弧右摆，掌心向外，两手平举于身体两侧。头及眼睛随右手移转。两腿重心也由右腿转到左腿。

叁 左腿屈膝，重心左移，右脚收至左脚内侧，脚尖点地；左手屈抱于胸前，掌心向下，右手屈抱于腹前，掌心向上，两手掌心上下相对，呈抱球状。右脚向右前上步，脚跟着地，两掌微分。

肆 上体继续右转；重心前移，右脚落实，右腿屈膝前弓，左腿自然蹬直，呈右弓步；两手合拢交于胸，前后分开，右前臂向前伸出，右手掌心向内，腕与肩同高，左掌按落于左胯旁，掌心向下，眼睛看右掌。

伍 身体微向右转，右手随之前伸，掌心向下；同时，左手外旋翻掌向上，经腹前向右上前伸至右前臂内侧下方，掌心向上。眼睛看右手。

陆 右手翻掌，掌心向下。

柒 上体左转，两手同时向下经腹前向左后方画弧后捋。

捌 上体左转，重心后移，身体后坐，左腿屈膝，右腿自然伸直。两手同时向下经腹前向左后方画弧后捋，左手举于身体侧后方，掌心向外；右臂平屈于胸前，掌心向内。

玖 左手由身体侧后方向前翻掌，举至与头同高，眼睛随左手转动。

拾 上体向右转；左臂屈肘收回至胸前，左手搭于右手腕内侧，掌心向前；右前臂仍屈收于胸前，掌心向内，指尖向左。重心前移，右腿屈弓，左腿自然蹬直呈右弓步；左手推送右前臂向体前挤出，与肩同高，两臂撑圆。眼睛平视前方。

拾 壹　右手翻转向下，两手左右分开与肩同宽，两臂屈收。

拾 贰　两臂伸直，掌心向下，与肩同宽。

拾 叁　重心后移，上体后坐，左腿屈膝，右腿自然伸直，右脚尖翘起；两手后引。

拾 肆　双手继续后收，注意同时后缩。

拾 伍　双手经胸前收到腹前，掌心斜向前下方。眼睛平视正前方。

（九）单鞭

壹　　　重心前移，右脚踏实，右腿屈弓，左腿自然蹬直呈右弓步；两掌呈弧线推按至体前，两腕与肩同高同宽，两手掌心向前，指尖向上。

贰　　　重心左移，上体后坐，重心移至左腿，右脚尖内扣；同时身体左转，左臂经头前向左画弧至身体左侧平举，掌心向左，右手经腹前向左画弧至左胸前，眼睛随左手运转。

叁　身体重心移至右腿，上体右转；右腿屈膝，左腿伸直，右手随转体向右上方画弧，掌心向内；左手自下向右上画弧。眼睛随右手移动。

肆　左脚收至右脚内侧，左手举至右肩，掌心向上，右手向前翻掌，掌心向前。

伍　左脚向左蹬出；右手经头前至右侧时变钩手，钩尖向下，臂与肩平，左手经腹前至右肩前，掌心向上。

陆　上体微左转，左脚向左前方迈出一步，脚跟着地；左手随上体左转而经面前向左画弧，掌心向内；眼睛看左手。

柒　重心移向左腿，左腿屈膝前弓，右腿自然蹬直，成斜向左前方的弓步；左掌经面前翻转慢慢向前推出，腕与肩同高，眼睛看左手。

（十）云手

壹 重心慢慢右移动至右腿，左掌由左侧经下方画圆向右上方推掌。

贰 身体重心移至右腿上，身体渐向右转，左脚尖内扣，右腿弯曲；左手经腹前向右上画弧至右肩前，掌心斜向内；同时，右钩手松开变掌竖起，掌心向右前，眼睛看左手。

叁　　上体慢慢左转，身体重心随之逐渐左移；左手经脸前向左侧画弧运转，掌心渐渐翻转向外；左掌停于身体左侧，与肩同高，右手由右下经腹前向左上画弧至左肩前，掌心斜向后；同时右脚向左脚并拢，前脚掌着地，眼睛随左手转移。

肆　　上体再向右转，重心右移，同时左手向下经腹前向右上画弧运转，掌心逐渐翻转斜向右，停于右肩前；右手经头前向右画弧运转，掌心逐渐翻转向左，停于身体右侧，与肩同高。眼睛随右手转移。

（十一）单鞭

壹　两腿屈膝半蹲，两脚平行，脚尖向前；同时左手停于右肩前，右手停于身体右侧，屈臂托掌。眼睛线随右手转移。

贰　上体右转，重心移至右腿，左脚提起；左手向下由面部前方向右画弧。右手翻掌转变为钩手。

叁　左脚向左侧跨步，眼睛看右手。

肆　左脚跨步向左侧，脚后跟着地。

伍　上体微左转，左脚踏实，左手经面前向左画弧，掌心向内。

陆　上体继续左转，呈斜向左前方的弓步；左手经面前翻转向前推出，眼睛看左手。

（十二）高探马

壹 左右两掌向上翻掌，提右腿向前跨步。注意，上体自然正直，双肩要下沉，右肘微下垂。跟步移换重心时，身体不要有起伏。

贰 右脚向前收拢半步，前脚掌着地，距左脚约一脚长；右钩手松开变掌，两手翻转向上，两臂前举，肘关节微屈。眼睛看右手。

叁 上体稍右转；重心后移，右脚踏实，右腿屈坐，左脚跟提起；右臂屈肘，右手卷收至耳旁，与头同高，掌心斜向下。眼睛看左手。

肆 右肩前送右手经头侧向前推出，腕与肩同高，掌心向前；左臂屈收，左手收至腹前，掌心向上。眼看右手。左脚前进半步，重心移至右腿，左脚掌着地呈虚步姿势。

（十三）右蹬脚

壹 上体左转；左脚提收至右脚内侧，右手稍向后收，左手经右手背向右前方穿出，两手交叉，腕关节相交，左掌心斜向上，右掌心斜向下。

贰 重心前移，左脚向左前方迈步，左腿屈弓，右腿自然蹬直；两手同时向左右分开画弧，掌心向前，虎口相对，两臂外撑。

叁 右脚收至左脚内侧，脚尖点地；两手向腹前画弧相交合抱，举至胸前，右手在外，两掌心皆向内。眼睛看右前方。

肆 左腿支撑，右腿屈膝上提，右脚脚尖上勾，脚后跟用力慢慢向右前上方蹬出。两臂慢慢向左右两侧撑开，掌心向内。

伍 左腿微屈，右腿伸直；两手手心向外撑开，两臂膊展于身体两侧，肘关节微屈，两腕与肩平；右腿与右臂上下相对，方向为右前方约30度。眼睛看右手。

陆 右腿抬至最高处后，慢慢下落，收腿。收脚时要稳定重心，匀速缓慢，不可突然加速，以免失去平衡。

（十四）双峰贯耳

壹 右腿屈膝回收，膝盖提起，脚尖自然下垂；左手由后向上经头侧向体前画弧下落，右手心也翻转向上。

贰 两手同时并行落于右膝上方，掌心皆向上，指尖向前。

叁 右腿向右前方上步，脚跟落地，脚尖斜向右前方约30度；两手收至两腰侧变拳。眼睛平视前方。

肆 重心前移，右脚踏实，右腿屈弓，左腿自然蹬直，呈右弓步；两拳分别从两侧向上向前画弧摆至头前，两臂半屈成弧，两拳相对成钳形状，相距同头宽，前臂内旋，拳眼都斜向下。

（十五）转身左蹬脚

壹　　左腿屈膝后坐，身体重心移至左腿，上体左转，右脚尖内扣；两臂伸直，两拳由脸前侧向左右分开。

贰　　上体左转，重心左移，两拳松开变掌，经头前由上向左右画弧分开，两臂微屈举于身体两侧，掌心向前，眼睛看左手。

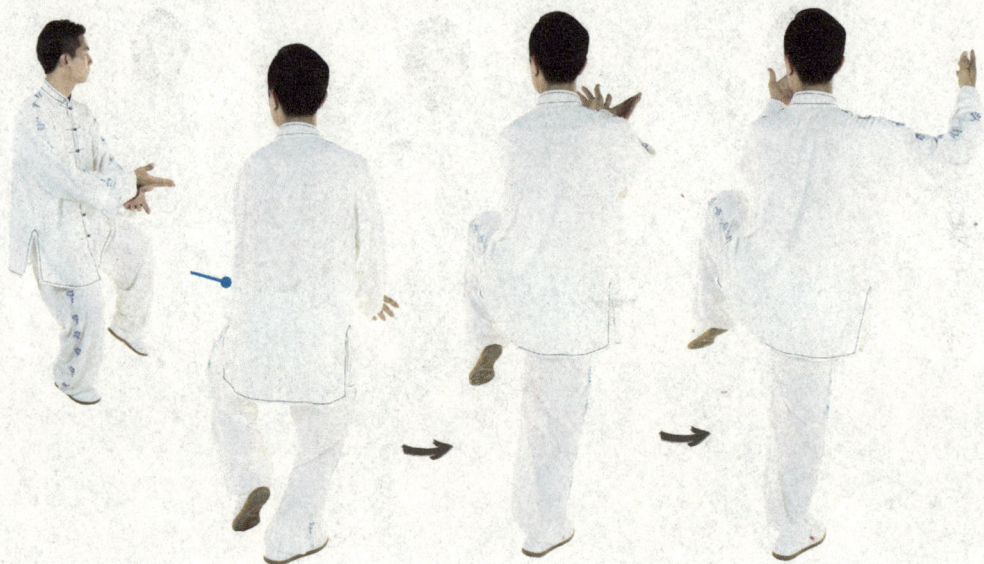

叁　　两手由外圈向里圈画弧，于腹前交叉合抱，举至胸前，两手心均向内；然后两臂内旋，微屈举于身体两侧，眼睛平视前方。右腿支撑，左脚收到右脚内侧，脚尖点地；接着左腿屈膝高提。

肆　　两掌心转向外，两臂画弧分开平举，手心均向外；左脚脚尖上勾，脚后跟用力向左前上方慢慢蹬出，左腿蹬直，与左臂上下相对。

（十六）左下势独立

壹 　　左腿屈收，上体右转；右臂稍内合，右掌转为钩手。左掌向右上方画弧下落，落于右肩前，掌心斜向后；眼睛看右手。

贰 　　右腿屈膝半蹲，左脚下垂收于右小腿内侧，沿地面向左侧伸出，左掌经头前向右画弧摆至右肋前，掌心向右，指尖向上。

叁 左腿向左伸直，右腿屈膝全蹲，上体左转呈仆步；左手经腹前沿左腿内侧向左穿出，掌心向右。右手下落于右肋侧，眼睛看左手。

肆 重心移向左腿；左脚尖外撇，左腿屈膝前弓，右脚尖内扣，右腿自然蹬直，重心恢复至弓步高度；左手继续前穿并向上挑起；右钩手内旋，背于身后，勾尖朝上。眼睛看左手。

伍 身体缓缓提起，左掌下落，向左肋处画弧。

陆 重心前移；右腿屈膝前提，脚尖自然下垂，左腿微屈独立支撑，呈左独立步姿势；左手下落按于左胯旁；右钩手变掌，经体侧向前挑起，掌心向左，指尖向上，右臂半屈成弧，肘关节与右膝上下相对。眼睛看右手。

（十七）右下势独立

壹 右脚落于左脚内侧，前脚掌着地，随即踏实，双腿微屈。

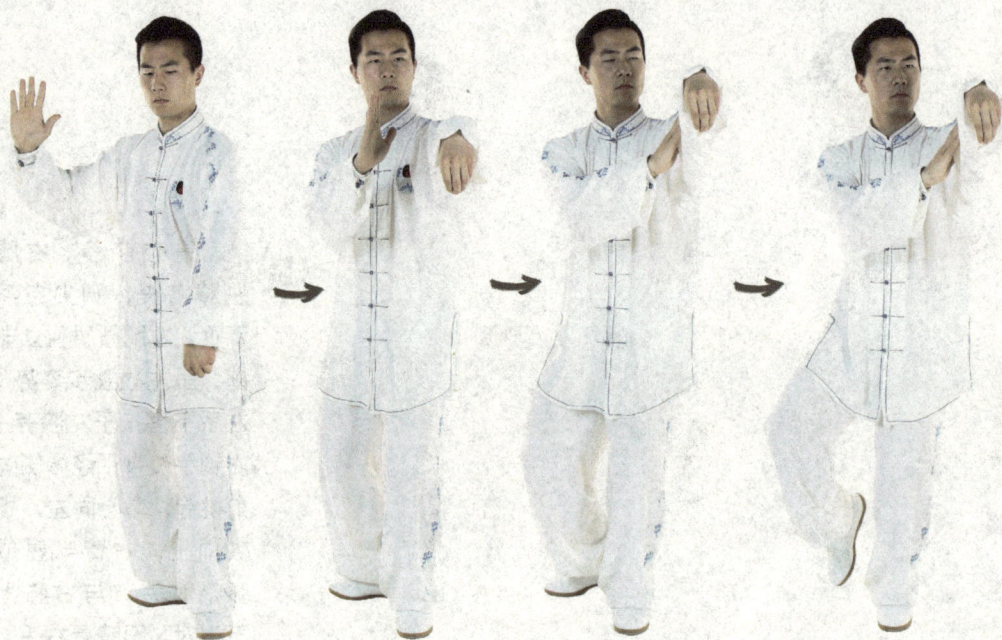

貳　　上体左转，左脚以脚掌为轴随之扭转；左手变钩手提举于身体左侧，与肩同高；右手经头前画弧摆至左臂内侧，掌心向左，眼看左手。

叁　　左腿下蹲，右腿沿地面向右侧伸出，以前脚掌落地，随即全脚踏实伸直，转成仆步。

肆 右手经腹前沿右腿内侧向右穿出，掌心向左。此时重心移向右腿；右脚尖外撇，右腿屈膝前弓，左脚尖内扣；右手继续前穿并向上挑起；左钩手内旋，背于身后，勾尖朝上。眼睛看右手。

伍 左腿自然蹬直，重心恢复至弓步高度。右臂伸直，然后缓缓下落向左前方画弧。

陆 上体右转，重心前移；左腿屈膝前提，脚尖自然下垂，右腿微屈独立支撑，呈右独立步；右手下落按于右胯旁；左钩手变掌，经体侧向前挑起，掌心向右，指尖向上，与眼同高，左臂半屈成弧，肘关节与左膝上下相对。眼睛看左手。

（十八）左右穿梭

壹 　左脚向左前方落步，脚尖外撇，上体左转；两腿屈膝呈半盘式；左手翻掌向下，右手翻掌向上，两手在左肋前上下相抱。

贰 　上体右转；右脚提起，经左脚内侧向斜前方上步，先脚后跟着地再踏实；右手由下向前上方画弧；左手由上向后下方画弧，两手交错。眼睛看右手。

叁　上体继续右转；重心前移，右脚踏实，右腿屈膝前弓，呈右弓步；右手翻转上举，架于右额角前上方，掌心斜向上；左手推至体前，与鼻平同高。眼睛看左手。

肆　重心稍后移，左脚尖外撇，上体右转；右手下落于头前，左手稍向右下画弧，落至腹前，准备做抱球姿势。眼睛看右手。

伍　两手在右肋前上下相抱；左脚收至右脚内侧，眼看右手。然后上体左转；左脚向左斜前方上步，脚后跟着地；左手由下向前上方画弧；右手由上向后下方画弧，右手下压收至右肋处。眼睛看左手。

陆　上体继续左转；重心前移，左脚踏实，左腿屈膝前弓，呈左弓步；左手翻转上举，架于左额角前上方，掌心斜向上；右手翻掌伸直，推至体前，与鼻同高。眼睛看右手。

（十九）海底针

壹 右脚向前跟进半步，前脚掌落地，距离前脚约一脚长。

贰 随后身体重心移至右腿，右腿屈曲；身体稍向右转。

叁 左脚跟提起；右腿微屈。左手落于腹前，掌心向下，指尖斜向前；右手下落经体侧屈臂抽提至右耳旁，掌心向左，指尖向前；眼睛看前下方。

肆 上体左转，向前俯身；右手从耳侧向前下方斜插，掌心向左，指尖斜向下；左手经左膝前画弧搂过，按至大腿外侧；左脚稍前移，前脚掌着地呈左虚步。眼睛看右手。

（二十）闪通臂

壹 　　上体恢复正直；右腿屈膝支撑，左脚回收，以脚尖点地落至右脚内侧；右手上提至身前，指尖朝前，掌心向左；左手屈臂收举，指尖贴近右腕内侧。眼睛平视前方。

贰 　　左脚前迈一步呈弓步；左手推至体前，与鼻尖对齐；右手撑于头侧上方，掌心斜向上，两手前后分展。眼睛看左手。

（二十一）转身搬拦捶

壹 双掌分别向左右方向外撑，身体重心也由左腿向右腿转移。

贰 重心移至右腿，右腿屈坐，左脚尖内扣，身体向右转；两手向右侧摆动，右手摆至身体右侧，左手摆至头侧，两掌心均向外。

叁　　身体右转，右脚向前迈出，右脚尖外撇，同时右手随转体变拳，右拳经胸前向前方翻转撇出，拳心向上；左手落于左胯旁，掌心向下；眼睛随右手。

肆　　身体右转，右脚全脚踏实身体重心前倾至右脚；左掌随身体扭转上举，掌心向下，右拳翻拳下落，拳心向下；双臂撑圆，屈臂平举于身体两侧，与胸持平，眼睛追随左手。

伍 　身体右转，左脚提至右脚踝关节内侧，再向前迈出，脚跟着地，左脚尖外撇；左掌拦至体前，与肩膀同高，掌心向右，指尖斜向上；右拳翻转收至腰间，拳心向左。眼睛看左掌。

陆 　上体左转；重心前移，左腿屈弓踏实，右腿自然蹬直，呈左弓步；右拳由胸前向前方打出，肘微屈，拳心转向左，拳眼向上；左手微收，掌指附于右前臂内侧，掌心向右。眼睛看右拳。

（二十二）如封似闭

壹　　左手翻转向上，从右前臂下向前穿出。

贰　　同时右拳变掌，也翻转向上，两手交叉伸举于体前。待左手行至右手背处时，两手分开，与肩同宽，掌心向上，平举于体前。

叁　　重心后移至右腿，右腿屈坐，左脚尖翘起；同时两臂屈收，两手边分边后引，分至与肩同宽，收至胸前。

肆　　重心后坐，双手翻掌向前。

伍　　重心前移，左腿屈弓踏实，右腿自然蹬直呈左弓步式；两掌翻转向下落，经腹前向上、向前推出，与肩同宽，腕与肩同高，掌心向前，指尖向上，眼睛平视前方。

（二十三）十字手

壹　　双臂伸直，掌心向外。注意，此势的手、腰转动和重心移动幅度比较大，同时配合两脚的扣转、外撇和收并。

贰　　上体右转，重心移至右腿，右腿屈坐，左脚尖内扣；右手向右分开摆至右侧头前。

叁　　上体继续右转；右脚尖外撇，右腿屈弓，左腿自然伸直，呈右横裆步（侧弓步）；右手继续向右画弧，摆至身体右侧，与左手成两臂侧平举，两臂微屈，掌心向外，指尖斜向上。眼睛看右手。

肆　　两手下落画弧，在腹前交叉，抱举于胸前，右手在外，掌心向内；两臂撑圆，两腕交叉成斜向的十字，眼睛平视双手。身体就慢慢移至左腿，右脚尖向内，随即向左收回。

（二十四）收势

壹 两臂内旋，两手翻转向下，左右分开，与肩同宽。眼睛平视前方。右腿继续向左收回，至双脚间距离与肩同宽。

贰 然后两臂慢慢屈平于胸前，与肩同宽，掌心向下，缓缓下落。

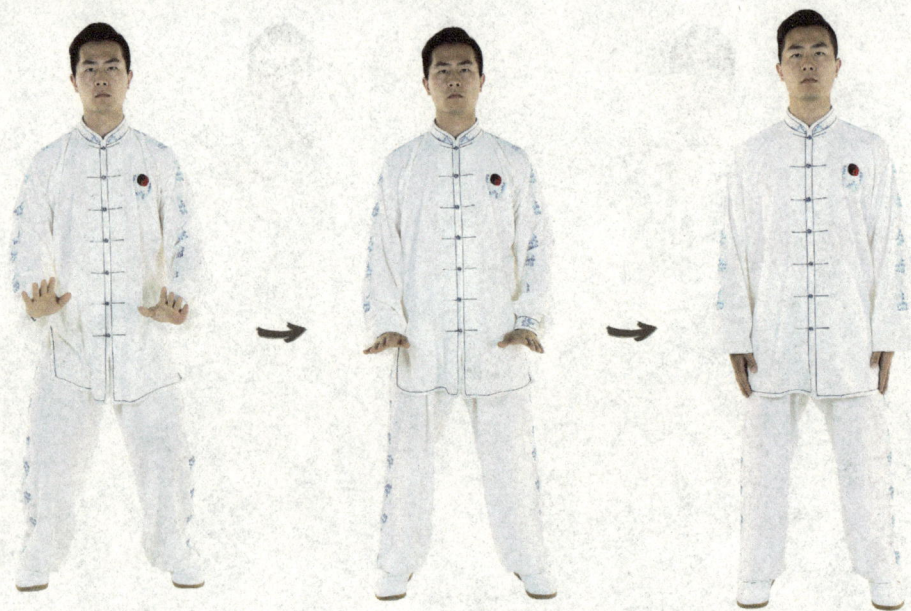

叁　两臂徐徐下垂，两手落于大腿外侧，眼睛平视前方。

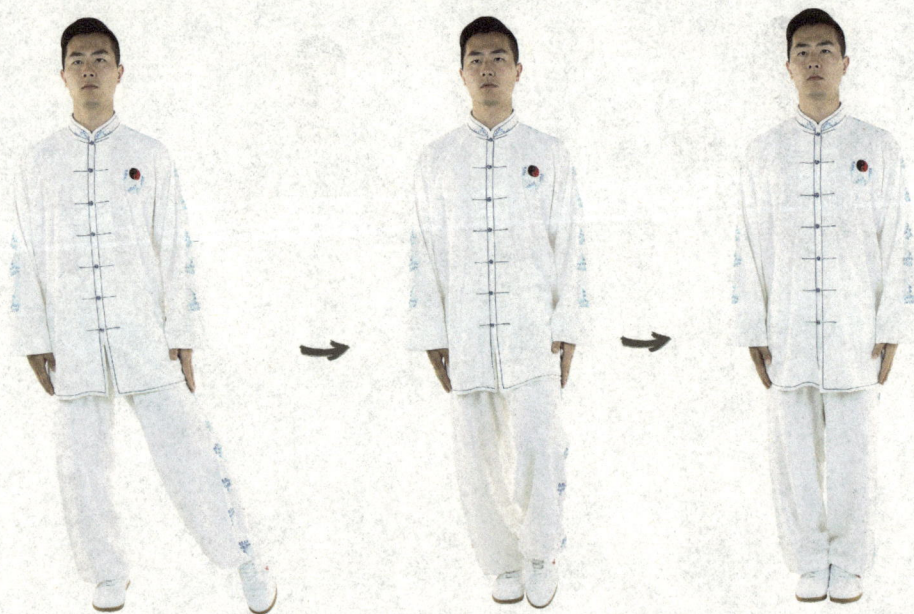

肆　两手落于大腿外侧，左脚轻轻提起与右脚并拢，前脚掌先着地，随之全脚踏
实，恢复成预备姿势，眼睛平视前方。